Carola Schuster-Brink

W0040860

Wie man Kindern Grenzen setzt

Konsequenz und Toleranz in
der Erziehung
Kleine Tyrannen ohne Chance

SÜDWEST

Inhalt

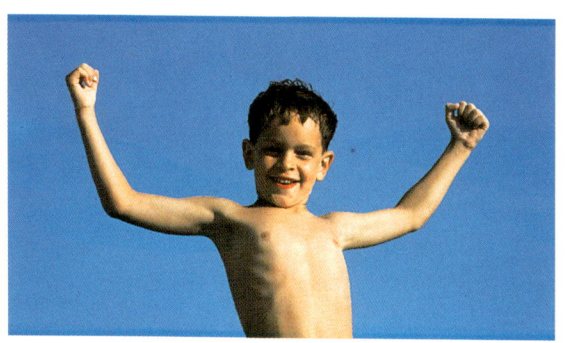

Schaut her, ich bin der Größte!

Teilen will gelernt sein.

Wer brüllt, ist meist im Unrecht.

Das Kind ist überall dabei.

Kinder brauchen klare Verhältnisse.

Vorwort

Stellen Sie sich einen Langstreckenläufer vor, der hochmotiviert die Rennbahn betritt, dem aber niemand mitteilt, wie viele Kilometer er bis zum Ziel zurücklegen muß. Ist es ein Kilometer, sind es zwei oder fünf oder sieben? Sind es vielleicht nur wenige Meter oder gar ein Pensum, das er beim besten Willen nicht schaffen kann? Was passiert?

Entweder verliert der Läufer den Mut, resigniert, hält inne, verliert die Motivation. Oder er wird aggressiv, wütend, brüllt vielleicht los, verliert aber ganz sicher ebenfalls die Motivation.

Genauso geht es Kindern, die keine konkreten Zielvorgaben haben. Kinder wollen und müssen wissen, wie weit sie gehen können, wo das Ziel ist und damit ganz unvermeidlich die Grenze zum nächsten Schritt.

Um sie zu motivieren, brauchen sie ein ganz konkretes Ziel und die Zuversicht, dieses Ziel auch erreichen zu können. Erst dann legen sie sich wirklich positiv ins Zeug.

Lernen als Leistung

Der Titel dieses Buches heißt »Wie man Kindern Grenzen setzt«. Das hat sehr viel mit Sport zu tun, mit Motivation, mit Zielen und Grenzen, die Leistung erst möglich machen.

Die ganz große Leistung, die ein Kind erbringt, ist ein permanentes Lernen. Lernen aber ist das beständige neue Anpassen von Verhalten. Hier braucht jedes Kind genaue Streckenvorgaben, die seinen Kräften entsprechen. Das ist keine Bevormundung. Kinder können sich selbst nicht richtig einschätzen. Wenn wir ihnen Grenzen setzen, geben wir ihnen gleichzeitig Ziele, die sie errei-

Kinder wollen und müssen wissen, wie weit sie gehen können. Sie brauchen ein Ziel und eine Vorgabe, wie sie es schrittweise erreichen.

chen können. Das wohlüberlegte »Nein« oder »bis hierher und nicht weiter« zeigt dem Kind die Strecke auf, die es bewältigen kann. Wachsen seine Kräfte, wird die Strecke erweitert. Aber sie wird nicht grenzenlos sein. Grenzenlose Strecken machen mutlos, sie können allerdings auch aggressiv machen. Da geht es Kindern kein bißchen anders als Langstreckenläufern.

Mut zur Grenze

Dieses Buch will Eltern Mut machen, Kindern dort Grenzen zu setzen, wo die Strecke unübersichtlich, gefährlich oder ganz einfach zu weit ist für die kindlichen Kräfte. Es will aber auch bewußt machen, daß Grenzen und Ziele die beiden Seiten ein und derselben Medaille sind. Wer ein Ziel erreichen will, braucht neben dem Willen auch das Wissen um seine Grenzen – die objektiven und die ganz individuellen.
Damit die Kraft ausreicht.

Um Kinder zu motivieren, brauchen sie ein fest umgrenztes Ziel. Beides – Ziel und Grenzen – sind zwei Seiten einer Medaille.

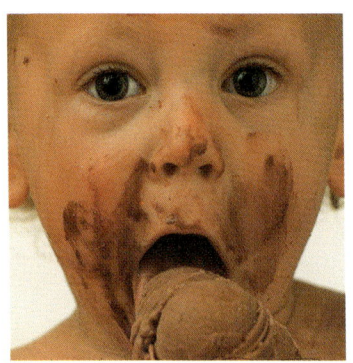

*Besonders kleine Kinder schei-
nen keine Grenzen zu kennen.
Sie handeln spontan und sind
kaum berechenbar.*

Das kennen Sie sicher: Kinder
wollen tausend Dinge auf einmal
tun. Tritt man auf die Bremse,
brüllen sie los.

Grenzen – immer ein Problem

Kinder sind grenzenlos – sie müssen so sein

Zum Beispiel Jan

Jan ist gerade zwei Jahre alt geworden, aber seine Mutter
fühlt sich, als hätte sie schon ein Jahrzehnt erfolglos an
ihm herumerzogen.

Jan tut, was er will, jetzt, gleich, sofort und ohne Auf-
schub. Manchmal fallen ihm mehrere Sachen ein, die er
selbstverständlich gleichzeitig regeln möchte. So zieht er
sich einen Schuh aus, patscht mit zwei Händen mitten in
die Quarkschüssel, greift nach einem Schuhspanner, den
er mit den Quarkhänden in seinen viel zu kleinen Schuh
stopfen will. Schuh, Schuhspanner und Hände hält er
unter Wasser, trocknet alles mit seiner Strickjacke ab
und greift nach der Tageszeitung. Die Mutter soll ihm einen Helm machen, nein, eine Banane schälen, einen
Helm machen und Limo und Banane.

Jans Mutter kommt keinen Augenblick zur Ruhe. Weist
sie Jan ab, brüllt er orkanartig los.

Jan, näher betrachtet

Zweijährige sind grenzenlos, weil ihnen die Welt gehört
und alles, was der Welt einverleibt ist: alle Dinge, alle
Menschen, besonders die Mutter.

Solange Kinder Babys sind, fällt es leicht, ihre Grenzenlosigkeit zu akzeptieren. Sie werden gestillt, herumgetra-

6

gen, gewiegt, geschaukelt, sie bekommen Aufmerksamkeit, Körperkontakt und Zuwendung, sooft ihnen danach zumute ist. Schreien und Zuwendung sind ein absolut notwendiger Mechanismus im Babyleben. Gäbe es diesen Mechanismus nicht, würde das Baby körperlich und seelisch verkümmern.

Schreien als Aufforderung

Stellen Sie sich ein wunschloses Baby vor, das ohne Schreien sein Babyleben verschläft. Es würde zwar zu den Mahlzeiten geweckt, aber jede aktive Zuwendung käme den Eltern wie eine Störung vor, die sie lieber vermeiden möchten. Wie würde dieses Baby gefördert, wie viele Anreize bekäme es für seine Sinne? Das schreiende Baby ist eine ständige Aufforderung für seine Eltern, ein möglichst abwechslungsreiches Programm für die erwachenden Sinne des Kindes auf die Beine zu stellen. Das schreiende Baby will lernen, will seine Umwelt erobern. Funktioniert der Mechanismus gut, muß das Kind nicht einmal schreien. Sein leises Brabbeln oder Meckern ist für die Mutter Anreiz genug, das Baby auf den Arm zu nehmen und damit seine Lage, seine Sicht, seinen Hörbereich und seinen Tastradius zu verändern.

Das Baby lernt:
● Ich habe einen Wunsch, den ich vermitteln kann
● Mein Wunsch und seine Vermittlung werden
  verstanden
● Die Zuwendung tut mir gut.

Wenn das alles so klappt, wie es dem Baby guttut, wird es versuchen, das endlos zu wiederholen. In Sachen Lernen sind Babys unersättlich. Bald trainiert es seine Erinnerung. Dann ist die Wiederholung auch ein eigenständiges Ziel. Wiederholen ist schön.

Schreiende Babys wollen lernen. Es ist ihre einzige Möglichkeit, Reaktionen ihrer Umwelt zu testen. Entscheidend ist, wie die Bezugspersonen darauf reagieren.

Gleichzeitig werden Farben, Formen, Töne, Größenunterschiede und Ortsbestimmungen in Babys Hirn strukturiert. Das ist eine Menge Arbeit. Und diese Arbeit kann das Baby gar nicht oft genug tun. Denn intelligent soll es doch werden, oder nicht?

Was es heißt, wenn Kinder mit »Begrenzungen« zur Welt kommen

Zum Beispiel Samanta

Schon die Hebamme im Krankenhaus bezeichnete Samanta als Plumpsack. Das Kind schrie so gut wie gar nicht, zog höchstens manchmal unwillige Grimassen. Weil das Stillen so mühsam war, wurde sie mit der Flasche ernährt, auch das eine nervenaufreibende Prozedur. Das hübsche Baby war kaum wach zu kriegen. Schließlich eröffneten die Ärzte den Eltern die vorläufige Diagnose: vorgeburtliche Schädigung durch Sauerstoffmangel. Nach einem Jahr konnte Samanta den Kopf noch nicht heben oder sich auf den Bauch drehen oder die Füße in den Mund stecken. Sie lag zufrieden da und schaute, wenn sie nicht gerade schlief.

Samanta, näher betrachtet

Während einiger Phasen ihres vorgeburtlichen Lebens bekam Samantas Hirn keinen Sauerstoff. Wichtige Funktionen konnten sich dadurch nicht entfalten. Samantas Lernen hat deutliche Grenzen.
Sie findet nichts so interessant, daß sie danach greifen möchte. Nichts findet sie so spannend, daß sie den Kopf danach drehen möchte. Sie steckt nichts in den Mund, kaut auf nichts herum, strampelt nicht, jauchzt nicht,

Samanta ist auffällig still, bewegungslos, kaum zu einer Reaktion zu bewegen. Diagnose: vorgeburtliche Schädigung durch Sauerstoffmangel.

weil ihre Sinne ihr nichts Großartiges melden. Sie wird auch ihre Beine nicht freiwillig einsetzen, um etwas Begehrtes zu erreichen. Samanta braucht dringend Sinnesreize, um die Restfunktionen ihres Gehirns anzuregen, aber sie ist nicht in der Lage, sich diese Reize zu beschaffen. Durch eine gezielte Therapie werden ihre Sinne angeregt; es werden ihr nachgerade Reize aufgenötigt in der Hoffnung, daß ein Teil davon bei ihr ankommt. Eine Reaktion bei Samanta auszulösen bedeutet viel Arbeit.

Ein Vergleich

Vergleicht man nun Jan und Samanta miteinander, sieht man, was Lernen in oder ohne Grenzen bedeutet.
Jan ist auf ständiger Suche nach Reizen und ausdauernd damit beschäftigt, auf alles möglichst schnell zu reagieren. Das trainiert sein Gehirn, ob die Mutter das nun mag oder nicht. Daß Jan keine Grenzen anerkennt, ist ein erzieherisches Problem, über das noch zu reden sein wird, keine Frage seiner Intelligenz.

Unterschiedliche Temperamente prägen das Handeln der Kinder ganz wesentlich. Das muß man bei der Erziehung berücksichtigen. Wo das eine begrenzt werden muß, sollte das andere ermuntert werden.

Samantas Gehirn ist nicht voll funktionstüchtig und kann den Muskeln nur schwache Befehle geben. Je mehr Sinnesreize bei ihr ankommen – die Jan sich permanent selbständig besorgt –, desto geübter wird ihr Hirn im Strukturieren und Erinnern. Samantas Mutter muß viel Geld für eine Therapie ausgeben, damit sich Reaktionen einstellen. Jans Mutter ist am Ende ihrer Kräfte, weil ihr Kind pausenlos agiert und reagiert. Samanta ist behindert. Jan nicht. Lernen müssen beide, wenn auch auf höchst unterschiedliche Art und Weise.

Wie Kinder ihre Grenzen entdecken

Zum Beispiel Björn

In ihrem Nachahmungstrieb wollen Kinder genau das tun, was die Erwachsenen auch können. Das kann für die Kleinen zu einer großen Gefahr werden…

Björn hat darauf bestanden, sein Dreirad mit zum Einkaufen zu nehmen. Alles, was die Mutter kauft, soll sie in sein Fahrradkörbchen stecken und die Tüten an seine Lenkstange hängen. Die Geldbörse will er auch tragen. Die Mutter verweigert das, denn das Dreirad ist schon voll genug beladen. In regelmäßigen Abständen quengelt Björn wegen der Geldbörse. Er bekommt sie kurz, hat dann aber nur noch eine Hand frei, was der Mutter zu unsicher ist. Sie nimmt ihm die Geldbörse wieder ab. Das Dreirad ist so beladen, daß Björn es kaum schieben kann. Trotzdem will er die Geldbörse noch dazu. Schließlich knallt er das Dreirad auf die Straße und wirft sich schreiend daneben. Die Leute bleiben stehen. Die Mutter schämt sich zu Tode, ist aber machtlos.

Björn, näher betrachtet

Am Wochenende fährt der Vater mit dem Fahrrad los und besorgt alles, was die Familie braucht. Der Vater ist groß und stark. Björn möchte auch groß und stark sein. Das mit der Geldbörse war nur der Tropfen, der das Faß zum Überlaufen brachte. Björn hatte schon vorher festgestellt, daß die Sache mit dem Dreirad eine ziemlich dumme Idee war. Aber wie kommt man aus so einer Sache wieder heraus, ohne sein Gesicht zu verlieren? Da die Mutter über Grenzen mit ihm nicht reden mochte, ging er bis zum äußersten, bis zur physischen Erschöpfung und gab auf. Einen solchen massiven Einbruch ins gerade sprießende Selbstwertgefühl kann ein Kind nur ganz schlecht ertragen. Es verzweifelt regelrecht an der ihm bewußt gewordenen Grenze. Wird das Kind dabei allein gelassen, entlädt sich die Verzweiflung in einem Tobsuchtsanfall.

Alltag voller Grenzen

Je weiter Kinder in ihrer Fantasie und Vorstellungskraft Fortschritte machen, desto auswegloser können sie sich verirren. Sie wollen genau das, was sie sich vorstellen, ohne jedoch ihre Kräfte abschätzen zu können:

- Mit anderen wettrennen, deren Beine viel länger sind
- Einen hohen Turm bauen, obwohl die Balance nur für fünf Steine reicht
- Einen richtigen Kuchen backen, schöner als der vom Bäcker
- Sich rasieren – und zwar mit Pinsel und Schaum
- Nägel einschlagen und Häuser bauen
- Hühner halten.

Läßt man ein Kind beständig über seine Grenzen hinausgehen, erlebt es sich als inkompetent. Das kann Tobsuchtsanfälle hervorrufen oder die Gewißheit: Ich schaffe das alles ja sowieso nicht. Künftig fällt das Kind weit hinter die Grenzen seines möglichen Könnens zurück.

... **O**ft übersehen sie dabei, daß ihnen ganz einfach körperliche Grenzen gesetzt sind. Kein Wunder, daß dann ihr Selbstwertgefühl leidet.

Die Kunst, Grenzen zu setzen

Der Ärger mit den Grenzen belastet Kinder und Eltern. Die Kunst besteht darin, sowohl Unterforderung als auch Überforderung zu vermeiden. Die richtig gesetzte Grenze ist einerseits Ansporn zum Handeln, andererseits eine Erfolgsgarantie. Im Falle Björns wäre das ein vor dem Einkaufen ausgehandelter Kompromiß gewesen:

● Du darfst das Dreirad mitnehmen
● Du bist groß und stark genug, die Bäckertüte zu transportieren
● An die Lenkstange kommt nichts, weil sonst die Tüten am Boden schleifen
● Sobald du ein richtig großes Rad hast, gibt es Tüten auf dem Gepäckträger.

Die Grenze hier ist deutlich gesetzt und einsehbar. Dem Kind wird deutlich: Ein großes Fahrrad kann mehr als ein kleines Dreirad. Aber ein kleines Dreirad kann immerhin auch etwas. Grund genug, um stolz zu sein.

Björn muß akzeptieren lernen, daß er mit seinem Dreirad noch nicht alleine zum Einkaufen fahren kann, wie das der Vater mit dem großen Fahrrad tut.

Auch die Großen können nicht alles

Kleine Kinder erleben Erwachsene meist als allmächtig und perfekt, weil die ihnen – nicht zuletzt wegen ihrer Körpergröße – gar manches voraushaben.
Die Großen holen Drachen und Kirschen von den Bäumen, kriegen jede Dose auf, fahren Auto oder schlagen Nägel in die Wand. Davon kann ein kleines Kind nur träumen. Könnte es die Sache realistisch betrachten, würde es sich sagen: Wenn ich so groß, so alt und so schwer bin wie der, dazu all die Erfahrungen habe, dann würde ich das alles genauso, wahrscheinlich aber noch viel besser machen.

Wenn die Bewunderung Risse kriegt

So aber bleiben dem Kind nur Bewunderung und der feste Glaube, daß es nichts gibt, was Vater oder Mutter nicht können. Um so schmerzlicher muß ein Kind dann feststellen, daß Erwachsene auch mal passen müssen: Nicht jede Kirsche, nicht jeder Drachen läßt sich holen, nicht jede Dose öffnet sich, nicht jede Parklücke läßt sich bewältigen, und mancher Nagel wird beim Einschlagen krumm oder bricht ab.

Fehler zugeben

Väter und Mütter wissen nicht alles, können nicht alles, wollen vieles nicht und machen manche Fehler. Das ist eine schmerzliche, aber nützliche Erfahrung für Kinder. Und Eltern tun gut daran, ihre Grenzen offen zuzugeben und nicht zu vertuschen.
Grenzen bei anderen sehen heißt auch, sie bei sich selber sehen, aufspüren und zulassen.
Der nächste Schritt zum Akzeptieren der Grenzen ist dann nicht mehr allzu groß.

F ür Kinder sind Erwachsene fast allmächtig. Wenn sie zu ihren Schwächen stehen, kann das Kind seine eigenen Unzulänglichkeiten ebenfalls leichter akzeptieren.

Schaut her, ich bin der Größte! Eltern sollten darauf achten, daß ihre Kinder nicht zur Selbstüberschätzung neigen.

Ein typischer Fall: Wird dem Kleinkind nur applaudiert, fühlt es sich später – in Kindergarten oder Schule – vernachlässigt.

Warum Kinder Grenzen brauchen

Allmachtsgefühle und Selbstüberschätzung sind normal

Zum Beispiel Christoph

Christoph ist das einzige Kind seiner Eltern, ein richtiges Vorzeigekind. Wenn er den Mund aufmacht, sind die Eltern entzückt. Auf jeder Party der Erwachsenen ist er mit dabei, zeigt Zauberkunststücke, erzählt Witze und führt altkluge Gespräche.
Niemand möchte Spielverderber sein und applaudiert Eltern und Kind. Insgeheim finden alle Christoph unerträglich. Der Einbruch kommt mit der Einschulung. Die Lehrerin muß mit 30 Kindern zu Rande kommen und stellt Christoph in Reih und Glied mit Hinz und Kunz. Christoph reagiert auf diese Grenzziehung mit Erbrechen, Kopfschmerzen und wachsender Schulangst.

Christoph, näher betrachtet

Jedes Kind entwickelt im Laufe seiner Sozialisation Allmachtsgefühle und schätzt sich nicht realistisch ein. Wieso auch? Ist es doch zunächst einmal der Nabel der Welt und in der Lage, den Eltern ohne große Kraftakte seinen Willen und seine Wünsche aufzuzwingen. Wenn es schreit, weint oder quengelt, eilen die Eltern herbei, stillen Hunger und Durst und geben Trost und Wärme. Und da dieses Verhalten lebenswichtig ist, ist es auch richtig und angebracht. Nur ist leider die Zeit begrenzt, in der dem Kind das Lernen ausschließlich auf diese Weise möglich ist. Eine Grenze muß gezogen werden, aber wie und wann? Christophs Eltern haben ganz offensichtlich den Zeitpunkt verpaßt. So kann der Junge nicht erkennen, wann er zu weit geht, wann er anderen auf die Nerven geht, wann es ganz einfach genug ist. Die Einschulung ist der denkbar schlechteste Augenblick, einem Kind erste Grenzen zu setzen.

Ich, du, wir

In einer Gemeinschaft kann niemand dauernd »ich« sagen, aber auch nicht dauernd »du« oder »wir«. Jeder ist Person in einer Gemeinschaft, und das muß auch erkennbar sein.

Etwa mit einem Jahr sind Kinder in der Lage, auch andere als nur sich selbst wahrzunehmen. Nicht nur die eigene kleine Person will essen, schlafen oder spielen – andere wollen das auch. Nicht nur die eigene kleine Person will ihre Ruhe haben, nicht angefaßt, nicht ausgelacht werden – andere haben dieselben Bedürfnisse. Unausgesprochen gilt wohl dieses Motto: Respektierst du meine Person, so respektiere ich deine Person. Eines aber muß felsenfest sicher sein: Die Eltern gehen voran, und die Kinder folgen. So ist das Motto vom gegenseitigen Respekt immer erst Sache der Eltern, dann Lernanreiz für Kinder. Nie umgekehrt. Es wäre fatal, würden Eltern sagen: »Respektierst du mich nicht, respektiere ich dich auch nicht.« Oder, andersherum ausgedrückt: Nur wer an sich Respekt erfahren hat, vermag auch andere zu respektieren. Ich halte es für respektlos gegenüber einem Kind, wenn man es seine Selbstüberschätzung auf einer Party ausleben läßt. Frühe Grenzsetzungen hätten Christoph das erspart. Sie hätten ihn entdecken lassen, was er wirklich kann und wovon er besser die Finger läßt.

Als Gemeinschaftswesen können wir nicht nur auf unsere eigenen Bedürfnisse achten. Schon dem Kleinkind kann beigebracht werden, daß es nicht nur ein »Ich«, sondern auch ein »Du« und ein »Wir« gibt.

Kinder können Risiken nicht einschätzen

Zum Beispiel Mira

Mira ist bisher kaum auf Grenzen gestoßen. Mit viel Charme boxt sie sich durch. Im dritten Lebensjahr macht sie eine schwere Stoffwechselerkrankung durch, als deren Folge sie Diät halten muß. Weißes Mehl und Zucker stehen nicht mehr auf dem Speiseplan. Da Mira sich noch immer wie ein Baby verhält, das darauf besteht, daß Wunsch und Wunscherfüllung fast synchron ablaufen, bricht mit der Diät die Hölle los. Bauchkrämpfe sind die Quittung für Miras falsche Ernährung, aber kein Lernanreiz, auf Schokolade oder Brötchen zu verzichten. Die Mutter ist machtlos. Mira ist bereits eine sehr starke Persönlichkeit.

Mira, näher betrachtet

Jede Krankheit ist eine Ausnahmesituation. Krankenhausaufenthalte und vielfältige Untersuchungen verunsichern Kinder schwer. Erfahren Kinder in diesem Augenblick erste Grenzziehungen, belastet sie das doppelt. Bislang wurden Mira keine akzeptablen Kompromisse angeboten. Mit zwei Jahren wurde sie nachts noch gestillt. Nahrungsaufnahme und Zuwendung sind für sie daher ein und derselbe Lustgewinn. Sie hat noch nicht gelernt, das eine ohne das andere zu genießen. Natürlich kann Mira das Risiko einer falschen Ernährung nicht einschätzen. Sie empfindet den Entzug der geliebten Nahrungsmittel als Entzug der mütterlichen Liebe schlechthin. Das macht sie wütend und verstört. Trotz aller Behütung wird es immer Gefahren im Kinderleben geben, die nicht ganz einfach abzustellen sind. Für diese Risiken, von denen es ja nicht allzu viele gibt, gilt ein konsequentes und deutliches Nein.

Risiken sind für Kinder schwer einzuschätzen – vor allem solche, die nicht unmittelbar ihre gefährlichen Folgen zeigen.

Risiken bewußt machen

Kinder spüren, ob ein Nein plötzlich und unerwartet vom Himmel fällt, oder ob es ein geplantes, sinnvolles Nein von elementarer Bedeutung ist:

- Herd – nein
- Steckdose – nein
- Aufgelesenes von der Straße essen – nein
- Auf die Fensterbank klettern – nein
- An Stoffen ziehen – nein.

Je kleiner ein Kind ist, desto weniger kann es ein Risiko begreifen. Aber je kleiner ein Kind ist, desto kindersicherer ist die Wohnung in aller Regel ja auch. Wozu dann trotzdem die oben genannten Neins?
Ich würde – in einer ansonsten kindersicheren Umgebung – diese Verbote schon dem kleinsten Krabbelkind verständlich machen, und zwar lange vor dem Trotzalter. Denn was gelernt ist, ist im Bewußtsein und muß nicht lange getestet werden, sobald der eigene Wille ungestüm erwacht.

Und die Begründung?

Die Begründung ist ganz einfach. Wenn man Oma und Opa, Freunde und Tanten besucht, trifft das Kind kaum auf Kindersicherungen, sondern eher auf Wohnungen, die Erwachsene nur für sich gestaltet haben.
Hat das Kind seine Verhaltensregeln nicht gelernt, wird der Besuch zur nervenaufreibenden Katastrophe:

- Entweder wird das Kind einem frustrierenden Gewitter von Neins ausgesetzt
- Oder man behält es sicherheitshalber auf dem Schoß und deckt es mit ablenkenden Maßnahmen zu.

Bei einigen elementaren Gefahren, die für Kinder nicht ohne weiteres erkennbar sind, ist ein klares, unmißverständliches Nein angebracht.

Beide Vorgehensweisen garantieren auf alle Fälle eines: das große Kindergeschrei. So macht der Besuch weder dem Kind noch den Eltern und den Gastgebern Spaß. Man kann einem kleinen Kind eben nicht erklären:

- Wie weh eine Brandwunde tut
- Was ein Stromschlag ist
- Daß auch eine gepflegte Toilette anderen Zwecken als dem Spielen dient
- Daß in einer Flasche stechende Insekten sitzen können oder Alkohol bzw. sonstige nicht zum Trinken geeignete Substanzen enthalten sind
- Daß ein Gummibärchen von der Straße oder eine Zigarettenkippe aus dem Aschenbecher keine Lebensmittel, sondern Krankmacher sind
- Daß ein Sturz vom Parterrefenster milde, ein Sturz vom achten Stock aber tödlich ausgehen kann
- Daß ein Ziehen an der Tischdecke oder am Vorhang ungeahnte Folgen haben kann.

Der Schreck ist ihr noch im Gesicht anzusehen. Behutsam, aber unmißverständlich erklärt die Mutter, warum manche Grenzen nicht überschritten werden dürfen.

In diesen wenigen Fällen steht das Nein wie ein Felsen vor dem Risiko. Bleibt es bei wenigen Neins, die ernsthaft, unumstößlich und immer wieder ausgesprochen werden, findet später auch keine Rebellion statt. Diese wird erst zum Thema, wenn heute der Griff an die Tischdecke erlaubt ist – weil auf dem Tisch nichts steht – und morgen verboten. Das paßt nicht in die kindliche Logik. Nein sollte nein heißen, damit das Kind nicht in Versuchung kommt, jedes Nein immer wieder neu auf seine Ernsthaftigkeit zu testen.

Erwachsene sind nur begrenzt strapazierfähig

Zum Beispiel Jan-Claas

Die Eltern von Jan-Claas sind beide berufstätig. Sie arbeiten in verschiedenen Schichten in einer großen Klinik. Wenn Jan-Claas' Mutter von der Arbeit kommt, ist sie zunächst ganz erledigt, weil sie frisch operierte Kranke betreut. Der Vater kümmert sich um Patienten, denen es schon besser geht. Er hat also deutlich mehr Energie. Wenn er von seiner Schicht heimkommt, turnt Jan-Claas auf ihm herum, bringt ihm alle Spielsachen ins Bett, dazu Kekse, Limo und Schokolade. Eine Woche lang geht morgens um sieben die Post ab. In der nächsten Woche kommt die Mutter morgens von der Schicht. Jan-Claas kann nicht begreifen, daß er jetzt erst einmal zwei Stunden auf Abstand gehen soll.

Was tun?

Jan-Claas' Eltern sind unterschiedlich strapazierfähig. Mit seinen zwei Jahren kann der Bub nicht unterschei-

Heute ein Nein, morgen ein Ja – der Wechsel zwischen Verbot und Erlaubnis fordert Kinder geradezu zur Rebellion heraus.

den, welcher Elternteil weniger gut drauf ist, und verlangt von beiden gleiche Verhaltensweisen. Es muß ganz offensichtlich eine Grenze aufgezeigt werden. Aber wie? Wenn der sonst so spielfreudige Vater von der Nachtschicht kommt, bittet er neuerdings seinen Sohn um eine Verschnaufpause. Diese wird von Woche zu Woche etwas länger. Jan-Claas lernt so in kleinen Schritten, sich zu gedulden und die Müdigkeit des Vaters zu tolerieren. Das neu gelernte Verhalten läßt ihn auch gegenüber der Mutter geduldiger abwarten. Schließlich bekommt er eine Küchenuhr, die um neun Uhr das Signal zum Sturm auf das Elternschlafzimmer gibt.

Ein klares Stoppzeichen ist für Kinder durchaus einsichtig. Auch In schwierigen Fällen gibt es Möglichkeiten, sie vorsichtig dorthin zu führen, wo man sie haben will.

Stoppzeichen setzen

Wenn Jan-Claas vier Jahre alt ist, wird er besser mit unterschiedlichen Verhaltensweisen umgehen können. Mit zwei Jahren ist die Welt noch schwarz oder weiß, heiß oder kalt, aber keineswegs grau oder warm. Es gibt Eltern, die können Kindergeschrei stundenlang ertragen. Es gibt aber auch solche, die extrem aggressiv auf ihre Kinder reagieren, weil sie sich durch das Schreien angegriffen und als Eltern disqualifiziert fühlen. Jeder, der mit Kindern zu tun hat, sollte ehrlich zu seinen Grenzen stehen und sie als normal akzeptieren. Wer nur begrenzt strapazierfähig ist – und dazu gehört in der einen oder anderen Weise nahezu jeder –, der muß Stoppzeichen geben können. Kinder können es sehr gut lernen, auf diese Zeichen zu reagieren.

Zum Beispiel Ina

Ina wird noch gefüttert, obwohl sie eigentlich schon selbst essen könnte. Die besorgte Mutter hat aber ebenso Angst vor Kleckereien wie vor der Möglichkeit, die ohnehin schon sehr dünne Ina könnte nicht satt und damit noch schmaler werden. Jedes Füttern geht über die Grenzen der Belastbarkeit von Inas Mutter hinaus. Sie möchte, daß Ina funktioniert. Ina will aber nicht funktionieren. Sie will Zeit herausholen. So kommt es denn, daß eine Mahlzeit bis zu zwei Stunden in Anspruch nehmen kann.

Was tun?

Kein organisch gesundes Kind verhungert vor dem vollen Teller. Das muß Inas Mutter einsehen und dem Kind das Essen selbst überlassen. Ist kein Appetit mehr zu erkennen, ist die Mahlzeit beendet.

Es gibt andere Mütter, die finden Füttern amüsant und tun es gerne. Aber anders als im Falle Inas essen die mit Gelassenheit und Zuneigung, mit Witz und Fröhlichkeit gefütterten Kindern meist schnell und umkompliziert. So hat eines Tages Inas Großmutter, gerade Rentnerin geworden, Inas Fütterung übernommen. Die Oma genießt es, endlich Zeit zu haben. Ina lauscht jedem Wort, das die fröhliche Großmutter sagt. Dabei schluckt und schluckt sie, bis der Teller leer ist.

Danach spielen sie zusammen. Spielen ist noch schöner als die Freude beim Füttern. Wenn die Großmutter auf einer Stunde Mittagsruhe besteht, weil ihr der Rücken schmerzt, sieht Ina auch das ein und verhält sich still oder schläft auch. Sie respektiert das Stoppschild, das die Großmutter unsichtbar vor sich aufstellt. Die Grenze ist klar und einsehbar. Ina muß nicht testen. Sie weiß Bescheid und hält sich daran.

Grenzen geben Sicherheit

Ausschließlich darum geht es: Bescheid zu wissen. Eigentlich gilt dieses Wissen für beide, für das Kind und für die Erwachsenen.

Kein Kind verhungert vor dem vollen Teller. Wenn also das Essen in eine längere Quälerei ausartet, muß etwas anderes dahinter stecken als mangelnder Appetit.

Ein Beispiel

Nach der ziemlich schweren Geburt ihres zweiten Kindes fühlt sich Petra überfordert und alleingelassen. Ihr Mann, ein begeisterter Familienvater, nimmt jede Überstunde wahr, die sich ihm bietet. Ein größeres Auto muß angeschafft werden, und der Traum von Haus und Garten nimmt immer deutlicher Gestalt an. Petra stillt ihren vier Monate alten Sohn noch voll und fühlt sich damit ausgelastet. Für den dreijährigen Tom fehlt ihr eigentlich im Augenblick die Zeit. Das verursacht ihr ein zunehmend schlechtes Gewissen.

Nun ist aber ein schlechtes Gewissen nicht etwas, was einen nur nebenbei berührt. Ganz im Gegenteil. Ein schlechtes Gewissen ist ein ständiger Konflikt, der einem sogar nachts keine Ruhe läßt.

Petra wagt es daher nicht, sich tagsüber mehrmals für eine halbe Stunde hinzulegen, obwohl ihr der Arzt das dringend geraten hat. In dieser halben Stunde kommt nämlich Tom zu kurz!

Auf die Frage, wie sie sich denn dreimal am Tag, anstatt die Beine hochzulegen, mit Tom je eine halbe Stunde beschäftigt, muß die Mutter allerdings passen. Sie ist zu müde, um sich gezielt um das Kind zu kümmern. Und weil sie so matt ist, legt sie sich auch nicht hin, denn sie empfindet Hinlegen als Zeitverlust.

Eine solche Situation, in der alle Grenzen verschwimmen und niemand Bescheid weiß, trägt als einzige Frucht Unsicherheit. Unsicherheit ist aber nicht nur für Dreijährige ein lähmendes Gift.

Was tun?

Ihre Unsicherheit zu beseitigen, dem Kind und sich selbst feste Regeln zu geben, ist die Voraussetzung dafür, daß Petra wieder neue Kraft schöpfen kann, ohne das Gefühl zu haben, den Kleinen zu vernachlässigen.

Feste Regeln geben Sicherheit – auch für die Erwachsenen. So kann man sich durchaus die Zeit nehmen, die man für sich selbst braucht, ohne Angst zu haben, das Kind zu vernachlässigen.

- Zunächst einmal muß sich die Mutter eingestehen, daß sie in einer schwierigen Situation steckt.
- Danach muß sie sich die Frage stellen, wie lange diese Situation dauern wird. Fünf Jahre? Ein Jahr? Noch zwei Monate?
- Für zwei Monate, also eine überschaubare Zeitspanne, muß sie sich einen Plan machen, wie sie zeitlich über die Runden kommt, wie sie Stillen, Ausruhen und Tom unter einen Hut bringt.
- So etwas geht nur mit der Uhr und konsequenter Tagesplanung und keinesfalls mit einem schlechten Gewissen.

Bescheid wissen ist wichtig

Tom wird sehr bald merken, daß wieder Sicherheit im Tagesablauf einkehrt. Es gibt feste Zeiten, in denen er die Mutter ganz und gar in Beschlag nehmen darf, und Zeiten, in denen die Mutter mit dem Baby zu tun hat oder die Beine hochlegt.

Ein Beispiel

Claire hat vier Kinder in dichter Reihenfolge. Wenn sie sich gerade mit einem Kind beschäftigt, sind die anderen drei sich selbst überlassen und so immer gewissen Risiken ausgesetzt.

Auf eines aber kann sie sich felsenfest verlassen: Alle Aktivitäten ihrer Kinder enden am »Ende der Welt«. Da das Haus der Familie in unmittelbarer Nähe einer stark befahrenen Straße liegt und für einen sicheren Zaun das Geld noch nicht reicht, hat Claire einen Pfahl in die Erde gerammt und ihn kurzerhand »Ende der Welt« genannt. Dahinter liegt zwar noch ein Teil des eigenen Grundstücks, aber seit ein Auto sich dort einmal überschlagen hat, schien es Claire vernünftiger, die

Feste Zeiten, feste Plätze. Ein Kind, das klare Regeln hat, weiß, was es darf, und fühlt sich mitnichten unterdrückt.

23

Grenze ganz einfach vorzuverlegen. Das »Ende der Welt« wird von den Kindern respektiert, ohne Wenn und Aber. Die Grenze ist klar, alle wissen Bescheid.

Patrick, der zweitjüngste von Claires Buben, entdeckte einmal bei mir eine Dose mit Süßigkeiten. Ich sagte ihm, daß er sich ruhig etwas nehmen dürfte. Patrick schüttelte den Kopf. »Wieso nicht?« fragte ich. »Weil ich keine Zahnbürste dabei habe«, sagte er und klappte die Dose ungerührt wieder zu.

Zu Hause dürfen die Kinder so viele Süßigkeiten essen, wie sie wollen. Es gibt nur eine Bedingung, danach müssen sie die Zähne putzen. Weil ihnen das oft zu lästig ist, lassen sie lieber die Süßigkeiten weg.

Die Grenze ist klar. Alle wissen Bescheid.

Klare Grenzen schützen Kinder vor Mißerfolgen. Sie machen ihnen klar, wie weit sie mit ihren begrenzten Mitteln kommen, welche Erfolge sie haben können und ersparen ihnen so Enttäuschungen und Selbstzweifel.

Grenzen sichern Erfolge

Kinder sind Meister darin, sich etwas ganz Großartiges vorzustellen und dann auf die Suche nach Mitteln zu gehen, mit denen das ganz Großartige Gestalt annehmen soll.

In der Wahl ihrer Mittel können sie sich außerordentlich verschätzen. Das liegt daran, daß die Vorstellung zwar sehr großartig, aber wenig realistisch und kaum strukturiert ist. Wer aber keine klare Zielvorstellung hat, kann auch die Mittel schlecht auswählen, mit denen er das Ziel erreichen will.

Zum Beispiel Paul

Pauls Eltern haben sehr viel Geld und kaum Bedenken, dieses Geld in Güter umzusetzen. Paul wird daher auch kein Wunsch abgeschlagen.

So besitzt der Sechsjährige mehr als ich nach vielen harten Berufsjahren. Worum ich ihn aber wirklich beneide, ist sein knallrotes elektrisches Kabriolett. Paul zeigt gerne seine Sachen, angefangen vom Mikroskop über Videogerät und Computer bis hin zu traditionellen Kinderspielsachen. Aber Paul spielt nicht. Paul macht Führungen durch sein Kinderparadies, wirkt dabei viel zu erwachsen für sein Alter und viel zu traurig.

Zum Beispiel Anke

Anke (7) lebt mit ihrer Mutter allein, nachdem der Vater ausgezogen ist. Da sich die Mutter beruflich neu orientieren muß, ist sie sehr oft außer Haus. Ganz offensichtlich ist Anke gestalterisch sehr begabt. Leider reicht jedoch dafür das Geld hinten und vorne nicht.
Modelliermasse, Farben, Pinsel, Papier und Klebstoff fallen derzeit unter die Rubrik »Großausgaben«. Anke muß auch auf vieles verzichten, wovon sie träumt, so etwa auf ein Klavier und auf Unterricht oder Reiten.
Mit dem wenigen Material, das im Augenblick finanzierbar ist, geht Anke behutsam um. Sie bemalt jedes Stück Zeichenpapier sehr sorgfältig, weil sie auf einen neuen

Es muß nicht immer der letzte Schrei aus dem Spielzeugladen sein. Auch und gerade mit einfachen Mitteln und Materialien können Kinder ihre Fantasie entfalten und die eigene Kreativität entwickeln.

Block erfahrungsgemäß lange warten muß. Dadurch hat ihre Gestaltungskraft erheblich gewonnen. Sie komponiert ihre Bilder mit Hingebung und läßt keinen Raum ungenützt. Abends läßt sie sich von der Mutter Noten beibringen, denn in drei Jahren, wenn die Mutter mit der Ausbildung fertig ist, ist Anke ein Klavier versprochen.

Und noch ein Beispiel

Swenja hat eine Mutter, die sich ganz auf ihr Kind eingestellt und ihren Beruf aufgegeben hat.
Swenja soll keinen Mangel an Zuwendung und Zeit erleiden.
Das Kind genießt die dauernde Anwesenheit der Mutter und hat sich ganz darauf eingestellt, in der Mutter eine Art gefügigen Zwilling zu haben.
Wenn für Swenja etwas zu schwierig oder lästig wird, muß der Zwilling einspringen. Die Mutter ist glücklich über ihre Beziehung zu Swenja. So hätte sie gerne die eigene Kindheit verbracht. Mit vier kommt Swenja in den Kindergarten und kennt sich in der Welt nicht mehr aus. Der grenzenlose Beistand der Mutter besteht plötzlich nicht mehr. Die Erzieherin wagt es, dem Kind zu sagen: »Mach es allein, Swenja!« Damit ist Swenja total überfordert. Sie wird zur Zuschauerin der anderen, zieht sich zurück und tut lieber nichts als etwas ohne Hilfe.

Unterschiedliche Mittel

Paul, Anke und Swenja sind normale Kinder mit normalen Vorstellungen von dem, was sie können und wollen. Während Anke mehr Vorstellungen hat, als sie wirklich realisieren kann, nimmt ihr Erfolg zu. Die Mittel ordnen sich zwangsläufig den Vorstellungen unter. Durch die Grenzen, die ihr auferlegt sind, lernt sie, die knappen Mittel voll auszuschöpfen. Dadurch wird ihre Fantasie

Ein Kind, das mit seinen Mitteln sparsam umzugehen lernt, wird in seiner Kreativität eher gefördert als behindert. Spielerisch lernt es Konzentration und Hingabe.

angeregt, und ihre Kreativität nimmt zu. Käme Ankes
Mutter plötzlich zu viel Geld und wäre unvernünftig genug, dem Kind sofort Ölfarben, eine Staffelei, Leinwand
und dazu ein Klavier anzuschaffen, wäre Anke mit Sicherheit überfordert. Sie hätte mehr Mittel zur Verfügung, als ihrer gegenwärtigen Entwicklung angemessen
sind. Das brächte sie davon ab, sich die Welt der Mittel
weiterhin Schritt für Schritt zu erobern. So aber sichern
Grenzen ihren Erfolg, und sie lernt etwas sehr Wesentli-
ches dabei: Ziele kann man nur erarbeiten, sie fallen einem nicht in den Schoß.

Etwas aus eigener Kraft schaffen

Sicherlich hat auch Paul Vorstellungen von dem, was
ihm Spaß machen würde, was er kann und was er will.
Da er aber überschüttet wird mit Mitteln, für die es keine
genaue Zielvorgabe gibt, tut er sich schwer, eigene Vorstellungen zu realisieren. Die Grenzenlosigkeit der Mittel
läßt ihn untätig werden. Untätigkeit führt zu keinerlei
Erfolg. Kinder entwickeln ihr Selbstwertgefühl aber aus
dem, was ihnen gelingt. Paul kann man nur wünschen,
daß er eines Tages sein Kinderzimmer – natürlich nur im
Kopf! – sprengt. Auch Swenja wird lange brauchen, um
das selige Kindergefühl kennenzulernen, das darin besteht, etwas allein und aus eigener Kraft und Vorstellung
zuwege gebracht zu haben.

Wenn es Swenjas Mutter aber lernt, ihre dauernde Hilfe-
stellungsmentalität zu begrenzen, wird ihre Tochter in
den Grenzen des Angebots endlich ihre eigenen Fähigkeiten entdecken und Erfolg kennenlernen. Ein Erfolg
aber macht dem nächsten Platz. Und nur so entsteht ein
gesundes Selbstwertgefühl!

Grenzen sichern Erfolg, soviel steht fest. Es steht aber
auch fest, daß zu enge oder unsinnig weite Grenzen genau das Gegenteil provozieren.

Nehmen Sie Ihrem Kind nicht zuviel an Risiken und Schwierigkeiten ab! Wenn es sich immer auf die Hilfe von außen verläßt, wird es in Kindergarten oder Schule, wo der Beistand fehlt, schwer zu kämpfen haben.

Im Straßenverkehr kommt man nur sicher voran, wenn jeder seine Grenzen kennt und einhält.

Wenn man sich das Alltagsleben von uns Erwachsenen vor Augen führt, erkennt man schnell, daß Grenzen allgegenwärtig sind. Mit gutem Grund: Sie schützen Körper, Geist und Seele vor Übergriffen anderer.

Wie man Kindern Grenzen setzt

Was ist eine Grenze?

Ein reibungsloser Straßenverkehr ist nur möglich, wenn jedem Verkehrsteilnehmer Grenzen gesetzt werden, die er auch einhält. Wenn Sie durch eine Einbahnstraße fahren, verlassen Sie sich darauf, daß Sie keinen Gegenverkehr haben. Gäbe es keine Grenzen beim Parken, stünde vor jeder Ladentür das Auto eines eiligen Kunden. Im Hotel verlassen Sie sich darauf, daß kein Unbefugter Ihren Schlüssel nimmt, um es sich in Ihrem Bett gemütlich zu machen.

Zu Ihrem Geburtstag laden Sie drei Arbeitskollegen ein. Ihre Wohnung ist klein, und der Tisch reicht sowieso nur für vier Personen. Zu Ihrer Überraschung bringt nun jeder Eingeladene noch drei oder vier ihm nahestehende Personen mit, die fröhlich Ihre Wohnung bevölkern. Würden Sie eine solche Grenzverletzung wortlos und ohne Gegenwehr tatenlos hinnehmen?

Unsichtbare Zäune

Grenzen sind unsichtbare Zäune, die unseren Körper, aber auch Geist und Seele vor schädlichen oder lästigen Übergriffen schützen. Dazu ist es notwendig, daß andere Menschen diese Grenzen wahrnehmen und respektieren. Geschieht dies nicht, müssen wir uns wehren. Parkt ein fremdes Auto stundenlang so vor Ihrer Haustür, daß Sie nicht ins Freie können, so hilft Ihnen die Polizei. Stellt Ihr Nachbar nachts sein Radio nicht auf Zimmerlautstärke ein, müssen Sie wach bleiben oder sich wehren.

Grenzen wie Maßanzüge

Je mehr Menschen auf engem Raum zusammenleben, um so notwendiger sind Grenzen. Wenn Sie eilig von einer Telefonzelle aus telefonieren möchten, muß der Telefonbenutzer vor Ihnen eine Redegrenze einhalten. Tut er es nicht, machen Sie ihn darauf aufmerksam.

Im Zug möchten wir nicht dort sitzen, wo vorher jemand seine Bergstiefel abgestellt hat und der Sitz mit Lehmbröseln bedeckt ist.

Grenzen müssen eingeübt werden

Das Verhalten einzelner muß Grenzen anerkennen, damit viele zurechtkommen. Dem geht ein Prozeß der Einübung voraus. Und hier gilt leider der Spruch, daß Hans nicht kann, was Hänschen nicht gelernt hat. Kommen wir also zu Hänschen. In früheren Zeiten und noch in der ersten Hälfte unseres Jahrhunderts bestand Erziehung weitgehend im Setzen von Grenzen.

Schon dem Säugling wurden Grenzen gesetzt. Die herrschende Wickelmethode machte Strampeln schier unmöglich. Kinder durften nicht lärmen, nicht reden, wenn Erwachsene sich unterhielten. Kinder durften keine Fragen stellen, nicht neugierig sein. Kinder mußten um jeden Preis gehorchen, und körperliche Strafen gehörten zum Kinderalltag wie etwa das stundenlange Sitzen vor kalt gewordenen Mahlzeiten oder der häufig verhängte Stubenarrest.

Ein neues Verständnis

Heute haben wir ein anderes Verständnis von Kindheit und behandeln Kinder anders. Ich behaupte allerdings, daß Kinder heute nicht wesentlich freier leben als zu anderen Zeiten. Die Grenzen, die wir ihnen setzen, haben nur eine andere Qualität.

Auch wenn wir Kindern heute mehr Freiheit lassen als in früheren Zeiten – es gibt eine Menge Gefahren, die Grenzen aus Sicherheitsgründen unumgänglich machen.

Grenzen, die kaum spürbar sind: Wenn Kinder frühzeitig an unsere konsumorientierte Umwelt angepaßt werden, sind sie später in ihren Entscheidungen alles andere als frei.

● Der Autoboom der Nachkriegszeit setzt Kindern gewaltige Grenzen. Ihr Bewegungsraum ist drastisch eingeschränkt. Die Straße als Spiel- oder Begegnungsraum ist tabu. Der Platz, den heute die Autos beanspruchen, war früher Raum für Menschen.

● Der Zwang zum Konsumieren setzt Kindern deutliche Grenzen. Machen Sie sich einmal die Mühe, Kleinkinder auf typische Statussymbole hin zu betrachten. Es fängt beim Kinderwagen an und endet noch lange nicht bei Stirnband oder Mütze. Fest steht, daß Kinder auf diese Weise sehr früh lernen, sich einer Konsumhaltung anzupassen. Sie können es sich nicht mehr leisten, individuell gekleidet zu sein oder individuelles Spielzeug zu haben, sondern müssen tragen oder spielen, was gerade »in« ist. Das schränkt die Freiheit der Kinder gewaltig ein.

● Auch die Tatsache, daß Fernsehen und Video vorhanden sind und von den Erwachsenen als Beschäftigungsmittel eingesetzt werden, schränkt Kinder ein. So entfällt viel Zeit auf das Konsumieren von Bildern und Tönen und geht damit der kreativen Betätigung verloren.

Diese Grenzen sitzen Kindern auf dem Leib wie Korsetts. Und diese produzieren Störungen, wenn nicht zwischendurch lockere Kleidung getragen werden darf.

Innere Haltung und Grenzen – eine Wechselbeziehung

Kinder brauchen ausreichend Freiraum, um sich entfalten zu können. Sie benötigen Vorstellungen und Ziele sowie die Mittel, um diese Vorgaben zu erreichen. Und eines dürfen Eltern nicht vergessen: Kinder müssen dabei auch Fehler machen dürfen, um zwischen falsch und richtig, zwischen sinnlos und sinnvoll unterscheiden zu lernen. Das Stichwort ist »Lernen«.

Kindheit ist Lernzeit

Wer mit Kindern zu tun hat, sollte es sich hundertmal am Tage sagen: »Kindheit ist Lernzeit.« Nun heißt aber Lernzeit keinesfalls, daß alle Grenzen fallen müssen und die totale Freiheit ausgerufen wird. Eher ist das Gegenteil der Fall. Und das lernen Kinder am ehesten, am sichersten und am einprägsamsten für ein ganzes Leben, wenn ein oder mehrere Erwachsene ihnen täglich vorbildhaft Modell stehen.

Verantwortliche Erwachsene setzen sich sehr viele Grenzen, ohne beständig darüber zu reden. Es sind auch gar nicht die Worte, die Kinder beeindrucken. Solange Kinder unverbogen und unverbildet sind, können sie sehr gut abwägen, ob ein Erwachsener nur etwas vorgibt oder ob er wirklich verantwortlich handelt.

Am ehesten lernen Kinder durch Anschauung, also durch das Beispiel, das ihnen die Erwachsenen geben ...

- Wenn Sie Ihr Auto stehen lassen, zu Fuß gehen oder radeln, begreift Ihr Kind, daß freie Bürger durchaus auch bereit sind, ihre grenzenlose Fahrfreiheit zu beschränken.
- Wenn Sie nicht dauernd vor dem Fernseher sitzen, sondern Ihren Fernsehkonsum begrenzen, wird auch Ihr Kind bereit sein, für sich selbst Fernsehgrenzen anzuerkennen.
- Wenn Sie überlegt auswählen, was gekauft werden soll und wofür das Geld zu schade ist, wird auch Ihr Kind in Sachen Konsum Grenzen anerkennen und einhalten lernen können.
- Wenn Sie bei allen Aussagen bemüht sind, Sachverhalte richtig darzustellen und möglichst dicht bei der Wahrheit zu bleiben, wird Ihr Kind diese Begrenzung anerkennen und für sich zum Maßstab machen. Wer wird schon gerne beschwindelt?
- Wenn Sie sich selber Grenzen auferlegen, wird Ihr Kind auch solche Grenzen für sich ausmachen und einhalten.

Wo immer Sie Grenzenlosigkeit entdecken, können Sie sicher sein, daß mehrere Ebenen betroffen sind:

- Soziale Inkompetenz
- Mangelnder Respekt vor sich selbst und anderen
- Unfähigkeit, seine Belange mit anderen sozialverträglich zu regeln.

Menschen, die durch Ihre Grenzenlosigkeit auffallen, geraten leicht ins Abseits. Leider nimmt die Zahl der Kinder zu, die durch Grenzenlosigkeit Schulkameraden und Lehrern das Leben schwer machen.

Freiräume und Grenzen – eine Wechselbeziehung

... Zeigen Sie deshalb Kindern durch Ihr eigenes Verhalten, daß weniger, intensiv erlebt, mehr sein kann als vieles, gedankenlos konsumiert.

Grenzen, wenn sie sinnvoll gesetzt sind, erschließen Freiräume.

- Reduziertes Autofahren erlaubt völlig neue Blickwinkel auf Straßen, Menschen, Plätze und die Natur.
- Reduzierter Fernsehkonsum macht plötzlich den Weg frei für einen Spaziergang, für Spiele oder Gespräche.
- Weniger Dinge, Kleider, Schuhe oder sonstige Kleinigkeiten machen das Leben leichter. Versuchen Sie, sich von dem einen oder anderen zu trennen.
- Nicht übertreiben, Sachverhalte objektiv wiedergeben, bei der Wahrheit bleiben schafft Freiheit. Wer viel aufbauscht, muß sich in jeder Situation überlegen, welche Rolle er gegenüber dem Chef, den Kollegen, der Freundin zu spielen sich entschlossen hat.
- Wer es sich angewöhnt hat, dauernd etwas im Mund zu haben, empfindet sich bald als unfrei und wird aggressiv, wenn kein oraler Trost erreichbar ist. Wer sich hier Grenzen setzt, fühlt sich freier.

Verschiedene Menschen – verschiedene Grenzen

Nun gibt es aber Grenzen, die wir Kindern setzen müssen, ohne sie selbst einhalten zu wollen oder zu sollen.

- Wer abends ein Glas Rotwein trinkt, darf es nicht zulassen, daß die Kinder davon kosten. Es wäre aber für das Kind kein Gewinn, wenn sich der Erwachsene sagt: Mein Kind darf nicht, also lasse ich es auch.
- Erwachsene gehen später zu Bett als Kinder. Es wäre dem Kind nicht zuträglich, wenn der Erwachsene mit ihm zu Bett geht, um zu demonstrieren: Was ich von dir verlange, tue ich selbst auch.
- Erwachsene dürfen nachts Filme im Fernsehen anschauen, Kinder nicht.

Kindern muß man, außer den Grenzen, die wir ihnen beständig vorleben, noch zusätzliche Grenzen setzen. Einem Zweijährigen wird man es nicht erlauben, auf einer hohen Mauer zu sitzen und mit den Beinen zu baumeln. Ein zehnjähriges Kind hat bereits soviel Körpergefühl und Erfahrung, daß es sich eine solche Unternehmung zutrauen kann. Sechzehnjährige benützen dieselbe Mauer, um darauf zu stehen oder zu balancieren. Es herrscht also eine Wechselbeziehung zwischen Freiräumen und Grenzen. Es müssen zunächst von außen Grenzen gesetzt werden, bis das Kind mit seinen eigenen Erfahrungen so weit ist, daß es sich selber eingrenzen und damit von Gefahren abgrenzen kann.

Erklärte und nonverbale Grenzen

Kinder halten erstaunlich viele Grenzen ein, die wir ihnen niemals erklärt haben. Es handelt sich hier zumeist um jene Grenzen, die wir ihnen, ohne große Worte zu verlieren, tagtäglich vorleben.

Grenzen müssen den einzelnen Menschen angepaßt sein. Bei Kindern bedeutet das hauptsächlich, daß diese auf die Möglichkeiten und Erfordernisse ihres jeweiligen Alters zugeschnitten sein müssen.

Schwieriger wird es schon mit den Grenzen, die wir in verschiedenen Situationen setzen und – oft viel zu wortreich – erklären. Ganz empfindlich reagieren Kinder auf wackelnde Grenzen: heute erlaubt und morgen verboten.

Zum Beispiel Martin

Vormittags, wenn die Mutter arbeitet, geht Martin zur Großmutter, wo er der absolute Mittelpunkt ist.
So packt der Vierjährige jeden Morgen sämtliche Schubladen aus. Die liebe Großmutter sortiert am Nachmittag alles wieder ein. Das Ausräumen ist zu einem Ritual geworden, das zwar zu Martins Leben dazugehört, für sein Lernen aber gänzlich unfruchtbar ist. Da ihm keine Grenze gezeigt wird, kann er sein Verhalten von sich aus nicht ändern.

Unordnung zu schaffen scheint für viele Kinder das größte Vergnügen zu sein. Viel schwerer ist es, einzusehen, daß auch das Aufräumen zum Spiel gehört.

Das Problem hat später die Mutter. Wenn sie mit dem Kind zum Frisör geht, zum Zahnarzt oder zu Freunden, fällt Martin sofort das Schubladenritual ein. Jetzt stößt er dagegen auf unterschiedliches Verhalten.

Während die einen gute Miene zum ungemütlichen Spiel machen, sprechen die anderen ein unmißverständliches Nein aus. Martin steht vor einem Rätsel, das er mit Wutanfällen quittiert.

Was tun?

Martin muß lernen, daß ausgeräumte Schubladen wieder eingeräumt werden müssen. Dies muß zunächst die Großmutter einsehen. Wenn sie ihre innere Haltung zu Martins Ritual ändert und begreift, daß Martin vor allem lernen muß, wird sie in der Lage sein, mit Worten Grenzen zu setzen. Das könnte so aussehen:

- Martin darf noch dreimal ausräumen. Quasi als Abschied.
- Danach darf er nur noch eine Schublade ausräumen und mit der Großmutter zusammen wieder einräumen.
- Weigert sich Martin, bleibt der Inhalt bis zum nächsten Morgen auf dem Boden liegen.
- Allmählich begreift Martin: Wer ausräumt, muß auch einräumen.
- Der zuvor genossene Freiraum – einräumen müssen andere – wird begrenzt.
- Aus der Begrenzung erwächst für Martin ein neuer Freiraum: Er kann sein Ritual beenden und sich anderen, weitaus interessanteren Dingen zuwenden.
- Dies alles muß mit Martin besprochen werden. Und es muß ihm, statt des Rituals, eine interessante Beschäftigung angeboten werden, die ihm zu befriedigenderem Erfolg verhilft als das stereotype Ausräumen.

Schlechte Gewohnheiten können geändert werden, auch wenn sie bereits zu eingefahrenen Ritualen geworden sind. Allerdings sind hier Geduld und langsames Vorgehen nötig.

Grenzverletzungen – der tägliche Kleinkrieg

Sind Grenzen einmal gesetzt, muß darauf geachtet werden, daß sie auch eingehalten werden. Läßt man einmal eine Überschreitung zu, ist die Autorität meist dahin.

Was nützt aber die sinnvollste Grenze, wenn sie beständig übertreten wird? Was nützt das deutlichste Nein, wenn es doch nur soviel zählt wie ein undeutliches Ja? Es gibt zuweilen einen regelrechten Nein-Terror zwischen Mutter und Kind. Da kann ein Kind bis zu 60 Neins pro Tag hören. Es liegt auf der Hand, daß eine derartige Nein-Inflation keine Wirkung zeigen kann. Im Gegenteil: Das Kind wird der Flut von Verboten mit Trotz und Widerstand begegnen, jede Einsicht vermissen lassen. Es kann die wirkliche Grenze nicht erkennen und wird versuchen, die Mutter zu überlisten. Klarheit und Eindeutigkeit gehen verloren – alles läuft auf einen ständigen Kleinkrieg zwischen Mutter und Kind hinaus. Kinder müssen aber lernen: Eine Grenze ist eine Grenze. Und wer sie überschreitet, muß mit eindeutigen Folgen rechnen.

Zum Beispiel Bea

Bea gießt für ihr Leben gern die Blumen in den Balkonkästen. In jedem unbewachten Augenblick füllt sie ihre Gießkanne und gießt. Abgesehen davon, daß die Blumen schon um ihr Leben schwimmen, werden auch die Passanten gegossen und beschweren sich lautstark.
Die Mutter macht ein Angebot: In der Badewanne werden Gefäße aufgestellt, die Bea nach Herzenslust begießen darf. Es wird ihr erklärt, daß weder die Blumen noch die Leute, die unten am Haus vorbeigehen, Beas ständiges Gießen mögen.
Zunächst ist Bea mit der Badewanne ganz glücklich. Dann trägt sie abermals eine Ladung auf den Balkon und gießt munter drauflos. Jetzt erklärt die Mutter ganz ruhig, daß Bea die Gießkanne abgeben muß, wenn sie wieder auf dem Balkon gießt.

Bea gießt hingebungsvoll ihre Gefäße in der Badewanne. Dann aber, in einem unbewachten Augenblick, setzt sie abermals die Balkonkästen unter Wasser. Wortlos nimmt die Mutter die Gießkanne an sich, trotz Geheul. Später tröstet die Mutter das Kind, aber die geliebte Gießkanne bleibt trotzdem für eine Woche unter Verschluß. Das tut weh. Aber es muß sein.

Bea hat nun ihre Lektion gelernt: Eine Grenze ist eine Grenze, und wer darüber hinausgeht, muß auch mit den angekündigten Folgen rechnen.

Oft tun Kinder in ihrem Bestreben, helfen zu wollen, des Guten zuviel. Manche Pflanze muß um ihr Leben bangen, wenn allzu eifrige kleine Gärtner mit der Gießkanne kommen.

Zum Beispiel Johann

Johann hat einen riesengroßen Luftballon bekommen, der tagelang sein ganzes Glück war. Aber nun interessiert es ihn, wie er den Ballon kaputtmachen kann. Ist eine Grenze notwendig?

- Johann wird, vielleicht ein wenig schmerzlich, lernen, daß ein kaputter Ballon ein armseliges Wrack ist und zu nichts mehr zu gebrauchen.
- Gefahr ist nicht in Verzug, allenfalls ein Schreck.
- Der Mutter tut es zwar leid um den prächtigen Ballon, aber er gehört ja nicht ihr, sondern Johann.

Die Erfahrung, daß Grenzen nicht willkürlich gesetzt werden, sondern durchaus Sinn machen, hilft Kindern, sich zu orientieren.

Die Mutter setzt keine Grenze. Johann probiert und probiert. Die Mutter erklärt ihm, daß der Ballon eine dünne Haut hat, die mit Luft gefüllt ist, die aber sofort entweicht, wenn die Haut verletzt ist. Und daß es einen Knall geben wird. Nach einiger Zeit knallt es. Johann kommt heulend gelaufen. Die Mutter weist ihn nicht ab, sondern tröstet ihn.

Johann hat eine Erfahrung gemacht, die er vermutlich nicht wiederholen mag. Wenn er wieder mal einen Ballon bekommt, wird er sich selbst eine Grenze setzen.

Den Kleinkrieg vermeiden

- Kinder müssen erfahren, daß Grenzverletzungen Folgen haben.
- Die Folgen müssen eine logische Konsequenz der Grenzverletzung sein.
- Das Kind muß erfahren: Die Grenze ist akzeptiert, nächstens überschreite ich sie lieber nicht.
- Ein Klaps oder Prügel, Liebesentzug oder verweigertes Essen darf nicht Folge einer Grenzübertretung sein.

- »Zur Strafe ins Bett!« kann Schlafstörungen nach sich ziehen, als Folge einer Grenzübertretung wird das Kind es nicht begreifen.
- Je kleiner ein Kind ist, desto sicherer sind »handelnde Grenzen«. D. h., daß es allemal sinnvoller ist, ein Kind nicht erst in Versuchung geraten zu lassen, als es mit Neins zu bombardieren.
- Wer eine Grenze ziehen muß, sollte ein attraktives Angebot machen. »Wenn du mich jetzt in Ruhe telefonieren läßt, schauen wir danach dein Lieblingsbuch an.« »Dieses Glas möchte ich gern selber tragen, aber ich habe noch ein schönes, extra für dich.«
- »Hoppla, jetzt hast du einen Katalog erwischt, den ich noch brauche. Warte, ich suche einen anderen.«

Diese Beispiele mögen erst einmal genügen. Mehr dazu lesen Sie in dem Kapitel »Der Kompromiß – die goldene Brücke« ab Seite 88.

Wenn man Kindern erlaubt, im Haushalt zu helfen, muß man auch die Konsequenzen in Kauf nehmen können. Nicht alles gelingt so schnell und so sauber wie bei einer perfekten Hausfrau. Aber irgendwann mußte sie es ja auch lernen ...

Abendliche Rituale erleichtern das Einschlafen: Nach dem Zähneputzen gibt es noch eine schöne Geschichte, bevor das Licht gelöscht wird.

Wenn ein Kind die Grenze zwischen Tag und Nacht nicht akzeptiert, kann das für die Eltern ganz schön an die Substanz gehen. Eine durchwachte Nacht stecken sie meist schlechter weg als das Kind, das sich seinen Schlaf holen kann, wenn es ihn braucht.

Die Tag-Nacht-Grenze

Jeder Abend ist ein kleiner Abschied

Die erste Grenze, die Kinder akzeptieren oder ignorieren, ist die Tag-Nacht-Grenze. Viele Kinder haben diese Grenze schon im Mutterleib akzeptiert und kommen auf die Welt mit festen Vorstellungen von Tag und Nacht. Sie schlafen von Anfang an nachts durch, schreien weder vor Hunger noch aus anderen Gründen.

Andere Kinder halten sich an keine Grenze, bringen ihre Eltern Tag und Nacht auf Trab. Da man Babys nicht umtauschen kann, muß man mit ihnen leben lernen, so oder so. Daß kein Baby absichtlich die Nacht zum Tag macht, darf man als Grunderkenntnis voraussetzen. Ganz gleich, wie ein Baby sich verhält, eines ist ganz sicher: Wir möchten unbedingt erreichen, daß es – eher früher als später – die Nacht als Nacht und den Tag als Tag begreifen lernt.

Zum Beispiel Dennis

Als Dennis noch ein Baby war, versetzte er seine Umwelt in ständiges Erstaunen. Niemand wollte glauben, daß ein kleines Kind mit so wenig Schlaf auskommen kann. Ob in der Nacht oder am Tag – Dennis war einfach immer wach. Wach und zufrieden. Von der Tag-Nacht-Grenze hielt er nie viel.

Da er mittlerweile laufen kann, haben sich die Dinge drastisch geändert. Dennis geht jetzt nachts auf Wanderschaft. Auf leisen Sohlen, ohne Eltern und Geschwister zu stören.

Was tun?

Die Erfahrung lehrt, daß derart wache Kinder spätestens nach der Einschulung ihr Bett mit Klauen und Zähnen verteidigen. Da Dennis bei seinen nächtlichen Wanderungen durch das Haus niemand stört, wäre es unsinnig, ihn auf einen anderen Rhythmus trimmen zu wollen. Gefahrenstellen für den kleinen Spaziergänger dürfen allerdings nicht vorhanden sein. Und die Eltern müssen lernen, Dennis nachts nicht zu beachten und zu demonstrieren, daß sie tief und fest schlafen, weil sie ihren Schlaf dringend brauchen. Den Rest regelt die Zeit, wie so vieles im Leben.

Zum Beispiel Sofia

Sofia hielt sich anfangs problemlos an die Tag-Nacht-Grenze, bis ein Reizhusten auftrat. Für die Eltern war es schrecklich zu erleben, wie die kleine Sofia nach Luft rang. Sie bemühten sich rührend um das Kind, lenkten es ab und blieben bei ihm, bis es nach den Hustenanfällen wieder eingeschlafen war. Beim leisesten Räuspern trat ein Elternteil an ihr Bett. Das ging bis zu fünfmal in der Nacht so. Inzwischen ist Sofia wieder kerngesund, aber die Nächte sind dahin – ständig verlangt sie nach der Anwesenheit von Mama oder Papa.

Was tun?

Hier hat das gesundheitliche Problem ein erzieherisches zurückgelassen. Sofia muß die Tag-Nacht-Grenze neu einüben. Mit fast vier Jahren ist sie alt genug für ein Gespräch. Man kann ihr von der Nacht erzählen, in der sogar die Blumen schlafen, in der Mama und Papa schlafen müssen, weil sie sonst den Tag nicht überstehen. Tagsüber schläft Sofia jetzt nicht mehr, und abends klingt nach einem Spaziergang der Tag ruhig aus.

Zauberwort »konsequent«: Auch Kinder können verstehen, daß es bei Krankheit mehr Zuwendung gibt, als wenn sie gesund sind. Sie müssen allerdings auch begreifen, daß es nicht nötig ist, in die Krankheit zu flüchten, um Aufmerksamkeit zu erwecken.

Sofia weiß, daß ihre Eltern nachts nicht mehr an ihr Bett kommen. Sie ist ja wieder gesund. Wenn ein Elefant das Zimmer betritt, hat der Vater ihr gesagt, darf sie in sein Bett kommen. Aber er sei ziemlich sicher, daß kein Elefant käme ...

Sofia hat fast einen Monat gebraucht, um nachts wieder störungsfrei durchzuschlafen. Die Eltern waren ihrerseits aber auch bewundernswert konsequent. So hat Sofia gelernt, die Tag-Nacht-Grenze wieder zu akzeptieren.

Tag und Nacht – ein lebenslanger Rhythmus

Die Tag-Nacht-Grenze durchzieht das menschliche Leben wie ein roter Faden.

Zwischen Tag und Nacht liegt der Abend. Der Abend hat eine völlig andere Lautstärke als der Morgen oder der

Besonders schön ist es, wenn Papi abends Zeit hat, um gemeinsam noch ein paar Bilder anzuschauen. Dann fällt die Reise ins Traumland auf einmal ganz leicht.

Mittag. Und immer folgt dem Abend die Nacht. Das macht manchen Kindern Mühe. Sie können sich nicht damit abfinden, daß schöne Tage ein Ende haben. Wenn sich Ihr Kind mit der Tag-Nacht-Grenze schwertut, lassen Sie es möglichst viel vom Tagesrhythmus erfahren. Die Nacht wird viel leichter akzeptiert, wenn Morgen, Mittag und Abend als eigenständige Tageszeiten erlebt werden. Lassen Sie Ihr Kind auch ganz bewußt die Jahreszeiten in der Natur erleben. Sie spiegeln die Tageszeiten im großen Maßstab wider. Auf diese Weise lernt Ihr Kind schon bald, sich an die natürlichen Abläufe zu gewöhnen.

Wie der Abend ist, so wird die Nacht

Der Abend ist das Tor zur Nacht. Kommt Ihr Kind am Abend nicht zu innerer Ruhe, verläuft auch die Nacht unruhig. Jeder Abend ist zudem ein kleiner Abschied. Kinder empfinden das viel stärker als Erwachsene. So gehört zu einer guten Nacht auch ein »Freupunkt« für den kommenden Tag. Wenn Sie also abends mit Ihrem Kind den gerade ausklingenden Tag besprechen, vergessen Sie nie, ganz besonders hervorzuheben, worauf es sich morgen mit Sicherheit freuen kann.

Die Nachtgrenze – ein Problem auch für Erwachsene

Eigentlich ist die Nacht ja zum Schlafen da, aber sie eignet sich auch hervorragend zum Grübeln.
Wer Probleme hat, schläft schlecht. Die Probleme überspringen mühelos die Tag-Nacht-Grenze und machen sich im Bett breit. Die Zahl der Menschen, die abends Pillen oder Alkohol zur Überwindung der Tag-Nacht-Grenze braucht, ist erschreckend hoch.
Eltern, die abends keine Ruhe finden und sich insgeheim vor der Nacht fürchten, übertragen oft ihre Unruhe und

Das bewußte Erleben der unterschiedlichen Stimmungen der verschiedenen Tageszeiten und die Freude auf den nächsten Tag helfen dem Kind, ruhig und vertrauensvoll einzuschlafen.

Mißstimmung auf ihre Kinder. Oft fühlen sich Kinder schuldig, wenn es den Eltern nicht gut geht.

Es hilft auch nichts, wenn sich Erwachsene aus Furcht vor der Tag-Nacht-Grenze in aufregende Spätfilme flüchten. Sie schlafen schließlich total übermüdet ein. Erholsam ist dieser Schlaf jedoch nicht. Er nährt eher die Furcht vor neuen Einschlafproblemen.

Kleine Gewohnheiten erleichtern die Grenzen

Je kleiner ein Kind ist, desto versessener ist es auf feste Gewohnheiten. Feste Gewohnheiten geben ihm Sicherheit. Kindertage sind meist so bunt und aufregend, daß es Kindern schwerfällt, am Abend Abschied zu nehmen. Viele erleben die Schwelle zwischen Wachsein und Eindämmern recht bewußt und versuchen immer wieder, dem zu entkommen.

Sich in die Dunkelheit, in den Schlaf fallen zu lassen, setzt kein geringes Vertrauen voraus. Wenigen wird das nur bewußt, weil der Schlaf stärker ist. Gerade aber Kinder, die schlecht einschlafen können, brauchen Gewohnheiten und Rituale, die den Schlaf, das Einschlafen fördern, ja, möglich machen.

Sind solche Gewohnheiten und Rituale beliebt, fällt ihnen das anschließende Fallenlassen in den Schlaf wesentlich leichter. Zu solchen Gewohnheiten gehören:

- Spaziergänge an eine bestimmte Stelle, einen Baum oder Stein, etwa um der Sonne gute Nacht zu sagen
- Ein leichtes Essen, das es in der Form immer nur abends gibt und das unverwechselbar ist
- Waschen, Duschen oder Baden mit Spielzeug und ganz viel Ruhe
- Einkremen am ganzen Körper
- Leichte Entspannungsmassage
- Kraulen, wenn ein Kind das mag

Ein kleines »Gute-Nacht-Ritual«, das sich täglich wiederholt, gibt dem Kind Sicherheit. So fällt es ihm viel leichter, die allabendliche Tag-Nacht-Grenze zu respektieren.

- Gemeinsam ein Bild oder ein Buch betrachten und eine Geschichte dazu erfinden
- Überlegen, was morgen für ein Tag ist, worauf das Kind sich freuen kann
- Mit dem Kind singen oder Verse aufsagen
- Abends immer dieselben Worte benutzen, dieselben Handgriffe tun
- Teddy oder andere Gefährten mit denselben Worten verabschieden wie das Kind
- Bis drei oder bis sieben zählen, schön langsam und betont, dann das Licht löschen.

Kinder lieben Ordnung. Kleine Gewohnheiten und Rituale befriedigen auch den Ordnungssinn der Kinder. Wenn alles so schön in Ordnung ist, mag der Schlaf ruhig kommen. Morgen ist wieder ein schöner Tag, an dessen Ende wieder ein so ordentliches Schlafritual steht.

Alle Kuscheltiere sind an ihrem Platz und ruhen zufrieden. Wenn alles so in Ordnung ist, kann auch das Kind ruhig einschlafen.

*Ihm schmeckt's prächtig.
Regelmäßige Mahlzeiten sind
für Kinder besonders wichtig.*

Das scheint für viele Eltern eine klare Sache zu sein: Wenn das Baby schreit, hat es Hunger. Daraus entsteht manchmal die fatale Konsequenz, daß Kinder, die eigentlich Zuneigung wollen, etwas zu essen bekommen.

Die Hunger-Durst-Grenze

Hunger und Durst als Kommunikation

Babys, die mit der Tag-Nacht-Grenze noch nicht viel im Sinn haben, melden sich, ohne vorher auf die Uhr zu gucken. Am Tag, in der Nacht, wie es gerade so paßt. Da jede Mutter stolz ist, wenn ihr Kind sein Geburtsgewicht verdoppelt hat, wird Schreien in der ersten Zeit fast immer als Hungergeschrei gedeutet. Und da Schreien und Stillen oder Flaschegeben alsbald eng zusammengehören, entsteht eine liebe Gewohnheit.
So kommt es, daß Zweijährige oft noch nachts gestillt werden, während sie am Tag bereits Äpfel essen.

Zum Beispiel Lars

Lars bekommt nachts zweimal Tee. Die Eltern wechseln sich im Aufstehen ab. Am Tag ist Lars zwar immer unter Aufsicht, trotzdem weitgehend sich selbst überlassen. Die Eltern haben ein Fliesengeschäft, die Mutter führt das Büro.
Wenn Lars die Mutter oder den Vater stört, wird er meist auf später vertröstet, weil gerade das Telefon läutet oder Kunden etwas wollen. Eines aber funktioniert immer: Wenn Lars etwas zu trinken oder zu essen möchte, steht jemand auf und kommt seinen Wünschen nach. Dieses System hat bereits in Lars' Babytagen funktioniert und funktioniert bis heute – nachts und am Tage.
Lars hat bislang nicht erfahren können, daß er etwas anderes als Nahrung erhält, wenn er sich bemerkbar macht.

Wenn er Zuwendung braucht, muß er den Umweg über Essen oder Trinken nehmen.

Wie Lars ergeht es vielen Babys. Quengeln sie, wird ihnen Hunger oder Durst unterstellt. Dabei hatten sie eigentlich nur mal nachschauen wollen, ob die Mutter noch so aussieht, wie sie sie in Erinnerung haben. Ob ihre Stimme noch so klingt wie vor dem Einschlafen.

Zahlreiche Untersuchungen haben bewiesen, daß Babys dann am besten schlafen, wenn ab und zu Familiengeräusche in ihre Ohren dringen. Sie wissen dann unbewußt, daß noch alles in Ordnung ist, daß sie nicht verlassen worden sind und ruhig weiterschlafen können.

Zuwendung sättigt auch

Längst hat man die Annahme als unsinnig entlarvt, Essen oder Trinken könne Zuwendung ersetzen. Trotzdem werden noch viel zu viele Kinder nachts gefüttert, die keinerlei Fütterung nötig haben.

Hier wird die sehr subtile Hunger-Durst-Grenze des Kindes arg strapaziert. Aber auch am Tag dürfen es viele Kinder nicht lernen, diese Grenze auszuloten.

Wo Naschereien oder Getränke dauernd verfügbar sind, hat der Magen überhaupt keine Gelegenheit, einen ordentlichen Hunger anzumelden. Einen ordentlichen Hunger aber braucht der Mensch, um sich auf eine kräftige Mahlzeit richtig freuen zu können. Kinder, deren Hunger-Durst Grenze verwischt ist, weil sie beständig materielle Zuwendungen bekommen, empfinden statt Hunger allenfalls noch Heißhunger.

Heißhunger läßt sich relativ schnell stillen, meist mit irgendeinem Getränk oder mit Süßigkeiten. Kartoffeln, Reis, Gemüse oder Salate, Fisch, Fleisch oder Eier kann man diesen Kindern nur in höchst verfremdeter Form nahebringen. Nahrung muß für sie stets einen besonderen Pfiff, eben den Zuwendungscharakter haben.

Babys und Kleinkinder, die nachts aufwachen, wollen oft nur sichergehen, daß noch alles so ist, wie es war. Viele Kinder schlafen deshalb ruhiger, wenn sie nachts ab und zu vertraute Geräusche wahrnehmen.

Was ist zu tun?

Kleine Kinder sollten möglichst rasch lernen dürfen, daß die Nacht nicht zur Aufnahme von Stärkungsmitteln (Stillen, Flasche) da ist, sondern zum Schlafen. Ihr Kinderarzt kann Ihnen sagen, ob Ihr Kind nachts Milch oder eine kalorienarme Flüssigkeit braucht oder nicht.
Braucht es keine nächtlichen Kalorien oder Flüssigkeiten, geben Sie ihm Zuwendung. Streicheln Sie Ihr Kind, wenn es schreit. Lassen Sie es Ihre Stimme hören. Wenn es sich beruhigt hat, verlassen Sie leise das Zimmer.
Viele Kinder reagieren bei nächtlichem Aufwachen sogar auf einen Zuruf aus dem anderen Zimmer. Ihre Hauptsorge ist eben immer, sie könnten verlassen worden sein.

Warten, die lebenslange Übung

Verlaufen die Nächte erst einmal ohne Nahrungs- oder Getränkeaufnahme, bringt das Kind zum Frühstück Appetit mit. Zwischen Frühstück und Mittagessen sollte stets eine kleine Zwischenmahlzeit liegen. Dies schadet auch Erwachsenen nicht. Allerdings hat eine solche Zwischenmahlzeit nichts mit Süßigkeiten oder süßen Getränken zu tun. Zwischen Mittagessen und Abendessen gibt es ebenfalls eine kleine Zwischenmahlzeit. Nach dem Abendessen ist absoluter »Küchenschluß«. Trinken muß sein. Stilles Wasser oder eine beliebte Teesorte sollte stets vorrätig sein. Das alles klingt karg. Und dazwischen liegt Warten. Warten aber muß erlernt werden. Es ist dem Menschen nicht in die Wiege gelegt. Von Natur aus sind fast alle kleinen Kinder ungeduldig.
Viele Lehrer klagen darüber, daß heutige Kinder nicht mehr abwarten können. Schreitet niemand ein, so packen sie im Unterricht Dosen, Flaschen und Naschzeug aus, weil sie das Warten nicht gelernt haben.
Geben Sie Ihren Kindern, so oft es geht, die Chance, bei

Das Warten auf die nächste Mahlzeit macht Appetit, weckt die Vorfreude. Das gilt auch für die Nacht, die nicht zum Essen und Trinken da ist, sondern zum Schlafen.

der Zubereitung von Mahlzeiten dabeizusein. Es gibt immer etwas, wobei sie helfen können.

Die Kinder einbeziehen

Auf diese Weise bekommen Kinder Respekt für das von Ihnen zubereitete Essen. Sie können auch beim Einkaufen, Vorbereiten und Kochen dabeisein. Erklären Sie Ihren Kindern die Zubereitung. Räumen Sie einer Mahlzeit pro Tag einen bedeutenden Stellenwert ein. Dies ist auch der Zeitpunkt, Süßigkeiten aufzutischen. Nach einem guten Mahl schaden süße Sachen nicht. Daß danach Zähneputzen angesagt ist, kann man schon mit den Allerkleinsten üben.

Wer danach noch Hunger auf Süßes hat, muß sich auf Warten einstellen. Nach der nächsten Hauptmahlzeit ist es mit Sicherheit wieder soweit, auch wenn dazwischen eine Nacht liegt.

Der Kuchen wird besonders gut schmecken, weil das Kind tatkräftig mitgeholfen hat. Auf diese Weise lernen Kinder spielend, die Arbeit der täglichen Speisenzubereitung zu schätzen.

Das Essen sollte weder als Belohnung verabreicht noch als Bestrafung verweigert werden. Wenn die Nahrungsaufnahme mit elterlicher Zuwendung gleichgesetzt wird, verliert das Kind sein Gefühl für die Sättigungsgrenze.

Essen und Trinken – weder Lohn noch Strafe

Zu Zeiten unserer Großeltern mußte man sich nur einmal ganz sachte daneben benehmen, und schon gab's keinen Pudding. Zu dieser Zeit gab es auch ungefragt so viel Spinat, daß man für ein Leben genug davon hatte.

Wenn Ihr Kind das Warten zwischen zwei Mahlzeiten gelernt hat, bringt es für die jeweilige Mahlzeit Hunger mit. Nützen Sie diesen Hunger aus, indem Sie das Kind selbst bestimmen lassen, wieviel es sich auf den Teller füllt. Legen Sie lieber kleinere Schöpflöffel auf als große, geben Sie lieber kleinere Teller als große. Ihr Kind tut sich noch schwer in der Mengenbestimmung. Wenn es nicht leer-essen kann, räumen Sie den Teller weg. Früher mußten Kinder ganze Nachmittage davor sitzen bleiben.

Essen darf man, Essen ist ein Geschenk, Essen macht Spaß, Essen macht satt.

Wer trotz Sättigung weiter ißt oder gar zum Essen genötigt wird, verliert das Gefühl für die Sättigungsgrenze. Geschieht dies oft, kann so jemand dauernd etwas in sich hineinstopfen. In schlimmen Fällen kann sich hieraus in der Pubertät eine Sucht entwickeln.

Nach allem, was bislang über Essen und Trinken, über Hunger und Durst gesagt wurde, versteht es sich beinahe von selbst, daß Essen und Trinken rein gar nichts mit Strafe zu tun haben können. Essen oder Trinken darf dem Kind daher auch nicht entzogen werden, um es dadurch zu bestrafen.

Bettnässen hat nichts mit Trinken zu tun

Es gibt auch das furchtbare Mißverständnis, Bettnässern ab dem Nachmittag das Trinken zu verwehren. Damit quält man Kinder, helfen kann man ihnen so nicht. Bettnässen hat völlig andere Ursachen als zuviel Flüssigkeit im Bauch.

Kinder brauchen ihre geregelten Mahlzeiten und die Mög-

lichkeit, genügend Flüssigkeit zu sich nehmen zu können, um gesund und widerstandsfähig allen täglichen
Anforderungen zu genügen.

Genauso ein Unfug ist es, Kinder mit Essen oder Naschzeug zu belohnen.

Wenn süße Sachen ihren festen Platz im Tagesablauf haben, reicht das völlig aus. Zwischendurch sind Süßigkeiten nichts weiter als Zahn- und Appetitkiller.

Es gibt ja im Jahresablauf genügend Feiertage, an denen
es reichlich Süßigkeiten gibt. Sie sollen aber die Ausnah-
men bleiben, die nichts weiter als die alltäglichen Regeln
bestätigen.

Wunschessen sind bei Kindern sehr beliebt – ob das nun
»Arme Ritter« sind oder Spaghetti mit Tomatensoße.
Kochen Sie gelegentlich die Wunschgerichte Ihrer Kinder, aber tischen Sie sie nicht als Belohnung auf, sondern
ganz einfach als einen Gefallen, den sie gerne tun.

*Viele Kinder essen Spaghetti
besonders gern – am liebsten
jeden Tag. Hin und wieder sollte
man ihnen ihr Wunschessen
durchaus servieren, auch wenn
der Speiseplan dabei ein wenig
durcheinander gerät. Vermeiden
Sie aber, das Lieblingsessen als
Belohnung für besonders braves
Verhalten anzubieten. Damit
wird man leicht erpreßbar.*

Essen und Trinken zelebrieren

Florian kommt ganz entsetzt vom Kindergeburtstag nach Hause. Es gab Getränke in Dosen. Da er noch nie aus einer Dose getrunken hatte und gar nicht wußte, wie man eine solche aufkriegt, behauptete er, er habe keinen Durst. In Wahrheit hatte er aber mächtigen Durst und dazu einen mächtigen Stolz.

Essen als Nebensache?

Bei Florian zu Hause sind Dosen verpönt. Dort trinkt auch niemand aus der Flasche. Das Essen wird zelebriert. Es gibt kein schnelles Brötchen auf die Faust, kein Getränk nebenher im Stehen.
Leider gibt es Eltern, die das für weltfremd halten. Der Beweis sind die zahlreichen Kinder und Jugendlichen, die man auf Straßen oder Plätzen nur noch in Begleitung von Dosen oder Flaschen sieht. Beträgt der Abstand zum nächsten öffentlichen Müllbehälter mehr als drei Meter, werden Dosen an Ort und Stelle stehen gelassen.
Eine solche Verzehrkultur beginnt in den Elternhäusern. Diese Kinder haben nicht gelernt, Essen und Trinken zu schätzen.

Gemeinschaft ist wichtig

Nehmen Sie sich die Zeit, schon das Frühstück so zu gestalten, daß Ihre Kinder nicht nur Nahrung, sondern gleichzeitig auch Geborgenheit und Schönheit tanken können. Das ist für das körperliche Wohl genauso wichtig wie für die seelische Ausgeglichenheit.
Jedes gemeinsame Mahl – und selbst die Zwischenmahlzeit – sollte immer auch Anlaß gemeinsamer Gespräche sein. Wenn jeder im Stehen in irgendeiner Ecke etwas hinunterwürgt, kann sich kaum Gemeinschaft ergeben.

Geregelte Mahlzeiten, feste Regeln fürs Naschen von Süßigkeiten und ab und zu das Leibgericht als kleine Überraschung – so entwickeln Kinder frühzeitig Eßkultur.

Jede Mahlzeit ein kleines Fest

Decken Sie für die Hauptmahlzeit den Tisch so, als käme ein bedeutender Besuch. Ihre Familie ist wichtig genug, um einen solchen Aufwand zu rechtfertigen. Wenn Sie von Anfang an Partner und Kinder in die Vor- und Nachbereitung mit einbeziehen, liegt die Last nicht allein auf Ihren Schultern.

Kinder, die von klein auf an eine solche Art der Eßkultur gewöhnt werden, ersparen sich nicht nur Magen- und Darmprobleme; sie sind auch weniger nervös und unkonzentriert als manche Altersgenossen.

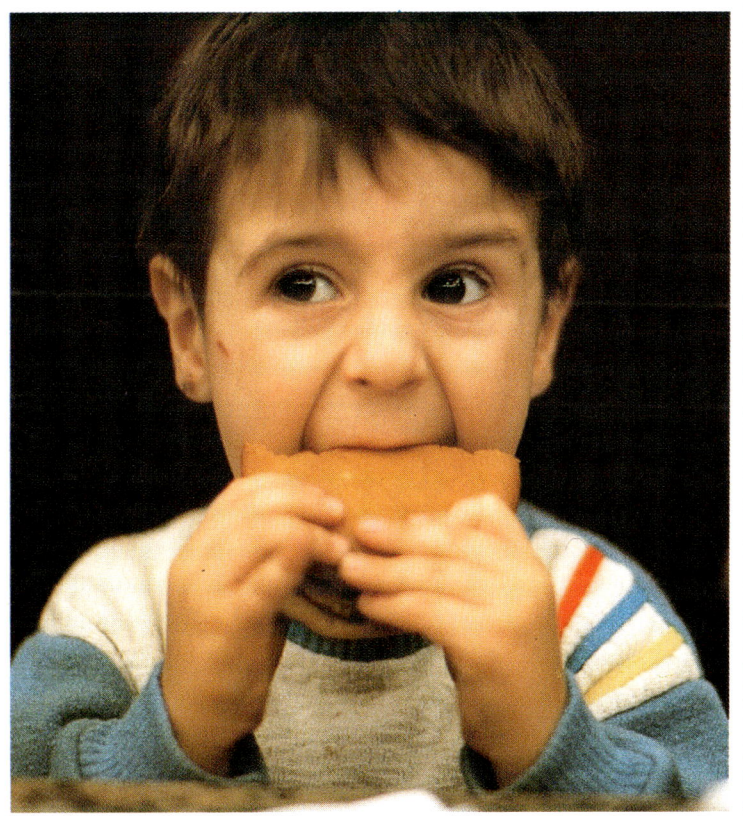

Ihren Kindern muß es aber nicht ergehen wie Florian vor der geschlossenen Limonadendose. Lassen Sie Ihre Kinder ruhig ausprobieren, was da so auf dem Markt ist. Sie werden den Vergleich mit Sicherheit zugunsten Ihrer Küche bestehen. Machen Sie kein Tabu aus Fastfood und Dosen, ansonsten wachsen die Begehrlichkeiten um so stärker.

Geteilte Freude ist doppelte Freude – diese Erkenntnis müssen Kinder erst noch lernen.

Ein schwerer Lernprozeß für jedes Baby: Mit der Zeit muß es erkennen, daß sich nicht mehr alles um es selbst dreht. Schließlich ist es ja auch immer weniger auf fremde Hilfe angewiesen.

Die Mein-dein-Grenze

Kleinen Kindern gehört die ganze Welt

Die Babyzeit bringt es so mit sich, daß Kinder sich für den Nabel der Welt halten. Alles dreht sich um sie, jeder Wunsch wird erfüllt, jede Sehnsucht gestillt.

Die Natur hat es sinnvoll eingerichtet, daß uns Babygeschrei zutiefst anrührt und zum Handeln veranlaßt. Babys brauchen für ihr körperliches und seelisches Gedeihen beständige Fürsorge und Zuwendung. Kein Wunder, daß sie sich in ihrer Rolle als Kronprinz oder -prinzessin bald wohl und beheimatet fühlen.

Und trotzdem kommt irgendwann die Zeit, um einen weniger exponierten Platz in der Gemeinschaft einzunehmen. Das geht nicht von heute auf morgen, sondern ganz allmählich und mit viel Geduld derer, die an der Erziehung des Kindes beteiligt sind.

Die eigenen Körpergrenzen entdecken

Lange Zeit nehmen Babys an, daß es zwischen ihnen und der Mutter keine Grenze gibt. Um dieses symbiotische Verhältnis beenden zu können, müssen Babys ihre eigene Körpergrenze entdecken. Man nimmt an, daß dies ein schmerzliches Erlebnis ist. Um es bestehen zu können, brauchen sie die vermehrte Sicherheit, daß die Mutter trotzdem da ist und sie nicht verlassen hat.

Wie sehr Körpergrenzen verschwimmen, kann man bei sehr kleinen Kindern gut erkennen, wenn sie den Finger des Vaters festhalten, die Mutter an den Haaren ziehen oder ein Geschwister ungeniert beißen. Auch sich selbst

verschonen sie nicht, begreifen aber bald, daß Schmerz-
reaktionen den wilden Taten folgen.

Man sollte daher immer dem Kind durch einen Schmerz-
ausdruck zu erkennen geben, wenn es wehtut. Auch ein
energisches »Aua«-Sagen hilft. So begreift das Kind seine Körpergrenze besser. Daß es anderen bewußt und absichtlich Schmerzen zufügen will, davon kann natürlich
gar keine Rede sein.

Besitz und Persönlichkeit gehören zusammen

Sobald ein Kind greifen kann, mehr noch, wenn es krab-
belt, besteht es auf den Dingen, die ihm gehören. Heute
eine bunte Dose geschenkt zu bekommen, die morgen
wieder abgenommen wird, ist unmöglich. Längst bevor
sie »mein« sagen können, entwickeln sie ein Gefühl für
Besitz. Und wehe dem, der sich daran vergreift!

Wenn die ältere Schwester mal eben aus der Babyflasche
trinkt, kann ein Gewitter losbrechen. Hat das Kind eine
Beziehung zu seinem Plüschtier entwickelt, so ist das für
immer und ewig seines.

Das gehört mir!

Gerade in der Phase, in der Kinder Besitzverhältnisse
aufbauen, sollten Eltern besonders sensibel reagieren.
»Das gehört mir!« ist ein ganz wichtiger Satz in der Entwicklung eines Kindes. Denn nur wer diesen Satz
gehörig oft gesagt hat, kann darauf den zweiten Schritt
aufbauen: »Das gehört dir!«

Oft sind Eltern erstaunt, wie vehement Kinder verteidigen, was ihnen gehört, während sie fremdes Eigentum
eher ungerührt läßt.

Dieses Verhalten hängt unmittelbar mit der Entwicklung
von Identität und Selbstbewußtsein des Kindes zusammen. Das sollte man immer im Auge haben.

Die ersten Besitzverhältnisse werden aufgebaut. Bevor das Kind teilen lernt, muß es ein Gespür dafür entwickeln, daß etwas ihm alleine gehört.

Zum Beispiel Moritz

Der zweijährige Moritz hat von den Großeltern ein kunterbuntes Sand-Set mit vielen Einzelteilen bekommen. Nachmittags lädt die Mutter die Nachbarskinder in den Garten ein, damit Moritz Gesellschaft hat. Das großartige Sand-Set ist die Attraktion. Doch Moritz läßt niemanden an sein Heiligtum herankommen. Was die anderen Kinder mitgebracht haben, benützt er indessen großzügig. Schließlich nimmt die Mutter das Spielzeug mit der Bemerkung an sich: Entweder spielen alle damit oder keiner. Moritz schreit, tobt und läßt sich lange nicht beruhigen. Die Mutter ist traurig, daß ihr Kind den anderen Kindern den Nachmittag dermaßen verdorben hat.

Moritz, näher betrachtet

Für einen Zweijährigen ist ein so komplexes Spielzeug aus mehreren Teilen eine glatte Überforderung. Fürs erste hätten Schaufel und Eimer völlig ausgereicht. Die weiteren Werkzeuge hätte die Mutter nach und nach einführen können. Und zwar jeweils dann, wenn Moritz eine Sache handhaben kann. Verschieden hohe Sandbecher zu füllen ist für einen Zweijährigen harte Arbeit. Sandsieben will gelernt sein, »Kuchenbacken« ebenfalls.
Alles wäre ein lustiges Lernen für Moritz gewesen, wenn die Mutter den Mut gehabt hätte, das Spielzeug häppchenweise einzuführen.

Moritz ist verunsichert

Nun ist es aber anders gekommen. Moritz hatte Besitz ergriffen und sah ihn gefährdet. Er war, wenn auch unbewußt, bereits verunsichert durch die undurchschaubare Vielfalt seines Sand-Sets. Und nun strecken auch noch andere Kinder die Hände danach aus.

Ein alltägliches Problem: der Streit um das neue Spielzeug. Zumindest solange es mit den neuen Spielsachen noch nichts Rechtes anzufangen weiß, ist das Kind in erster Linie daran interessiert, seinen Besitz zu schützen.

Stellen Sie sich einmal vor, Sie bekommen zu Weihnachten einen Computer geschenkt. Bevor Sie noch richtig staunen und herumprobieren können, tritt Ihr Partner dazwischen und nimmt den Apparat in seinen Besitz. Was würden Sie tun? Zudem will es noch der Zufall, daß Ihre Schwiegermutter mit im Raum ist. Sie nimmt den frisch geschenkten Computer an sich mit den Worten: »Entweder hantieren alle damit oder keiner!«
Ich bin sicher, es wäre ein ziemlich lustiger Abend geworden.

Wie du mir, so ich dir

Zurück zu Moritz. Wäre er nicht zwei, sondern ein paar Jahre älter, hätte er folgendes in seinem Herzen ausgebrütet: »So, wenn du mir einfach meine Sachen abnimmst, nehme ich dir auch was ab, was du sehr magst.« Und die Mutter hätte sich bald darauf gewundert, wieso in ihrer Geldbörse ein Zehnmarkschein fehlt. Dies ist

Wenn es um den flotten Spielzeugflitzer geht, kann aus der schönsten Kinderfreundschaft schnell eine besitzbezogene Rivalität werden. Einerseits bestehen Kinder auf ihrem Eigentum, andererseits fällt es ihnen nicht leicht, den Besitz anderer zu respektieren.

selbstverständlich nur ein ziemlich aus der Luft gegriffenes Beispiel. Doch eines steht fest: Wer sein Eigentum nicht von klein auf sichern und verteidigen darf, ist auch nicht gewillt, fremdes Eigentum unangetastet zu lassen.

Beim Schenken berücksichtigen

Die Mein-dein-Grenze muß sehr früh gezogen werden, und zwar so, daß Kinder zunächst »mein« sagen dürfen und erst im zweiten Schritt begreifen müssen, daß der andere auch etwas besitzt und ein ebensolches Recht hat zu sagen: »Das gehört mir!«

● Wer Kindern etwas schenkt, muß sich überlegen, ob dieses Geschenk dem Kind »gemäß« ist, also seinem Alter und seinen wirklichen Bedürfnissen entspricht.

● Wer Kindern etwas schenkt, muß sich damit abfinden, daß sie es besitzen wollen und es stets ihre Sache ist, wie sie es besitzen.

Teilen lernt man später

Besitz und Persönlichkeit gehören zusammen. Die Persönlichkeit des kleineren Kindes ist so konstruiert, daß sie etwas ganz besitzen will. Je mehr die Persönlichkeit reift, desto eher kann sie Besitz teilen oder hergeben. Dies geschieht nicht durch äußeren Einfluß und nicht durch gutes Zureden, Lohn oder Strafe. Es geschieht, wenn das Kind innerlich soweit ist.

Das müssen Eltern mit Geduld abwarten. Verletzen sie die Mein-dein-Grenze, gewinnt das Kind in Sachen »mein und dein« keine sichere Basis. Es wird dann wahrscheinlich auch später Probleme haben, »mein« und »dein« sozialverträglich auseinanderzuhalten.

Kinder, die gelernt haben, »mein« zu sagen, sind eher in der Lage, das Eigentum des anderen zu akzeptieren. Die Fähigkeit zu teilen entwickelt sich dann von allein.

Ich und du und mein und dein –
ein langer Weg

Nehmen wir noch einmal Moritz. Seine Welt ist noch nicht allzu groß. Die Hauptperson heißt Moritz. Die wichtigste Person heißt Mama. Die aufregendste Person heißt Papa. Und damit ist seine Welt schon beschrieben. Die Nachbarskinder, die seine Mutter allnachmittäglich in den Garten holt, gehören nicht zu seiner Welt. Das sind Statisten, denen er gerne zuschaut. Aber sie sollen nicht zu dicht an ihn herankommen und schon gar nicht mit seinen Sachen spielen. Das empfindet er, unbewußt, als Grenzverletzung.

Daß er seine Sachen, zumal die nagelneuen, vor ihnen hütet, ist absolut verständlich und ganz normal.

Wenn er ein Jahr älter ist, kann es sein, daß er ein Kind besonders anziehend findet. Dieses Kind wird dann seiner kleinen Welt einverleibt. Und drumherum denkt sich Moritz abermals eine hohe Mauer.

Obwohl Kinder niemanden siezen, duzen sie auch nicht jeden. Wen sie hereinlassen in ihre kleine Welt, bei dem haben sie das Du in der Person entdeckt. Mit diesem Du können sie sogar teilen.

So wächst die kleine Welt

Verläuft der Weg anders, lassen Kinder zu früh und zu intensiv zu viele Personen in ihre Welt, sind die Bindungen oft nur schwach und austauschbar. Wer mit Kindern zu tun hat, die seit ihrem Kleinkindalter in Heimen leben, wird bemerken, daß jeder fremde Besucher gleich als Freund begrüßt wird. Die Kinder klammern sich an und sind auch für Zärtlichkeiten empfänglich. Zwischen Fremden und den gewohnten Erziehern wird kaum ein Unterschied gemacht.

Für kleine Kinder besteht die Welt aus Mama, Papa und ihnen selbst. Das ist wichtig, denn nur wer sich abgrenzen kann, lernt später, seine Beziehungen zu anderen Menschen richtig einzuschätzen und zu gewichten.

Diese Kinder sind als Erwachsene oft nicht fähig, tiefere und langandauernde Bindungen einzugehen.

Zwischen Ich und Du liegt ein langer Weg im Kinderleben. Dazu gehört auch die Körpergrenze. Ein Kind muß wissen: Dies ist mein Körper, daran haben andere nichts zu suchen. Und es muß wissen: Ich darf mir das Du selbst aussuchen, von dem ich Zärtlichkeiten möchte. Vielen Eltern ist es peinlich, wenn ihre Kleinen weder mit Oma und Opa noch mit Tanten und Freunden knuddeln wollen, oder wenn sie vor Küßchen und Zärtlichkeiten die Flucht ergreifen. Dann werden diese gut gemeinten Aufdringlichkeiten zwangsweise angeordnet. »Die Tante hat dir so viele schöne Sachen mitgebracht, nun gib ihr auch ein Bussi dafür!«

Den eigenen Körper verteidigen

Dazu ist zu sagen, daß Kinder Zärtlichkeiten freiwillig austeilen, wenn sie das Du im Erwachsenen entdeckt und schätzen gelernt haben. Ist das nicht der Fall, halten sie sich zurück. Und das verdient unseren Respekt. Oder möchten Sie etwa, daß Ihr Kind sein gesundes Mißtrauen ablegt und sich damit möglicherweise unwissentlich in Gefahr bringt? Und Ihr Kind gibt dann zur Begründung an: »Der Mensch hat mir so viele schöne Sachen geschenkt, da mußte ich doch lieb sein.«

Sexuelle Übergriffe auf Kinder sind dort leichter möglich, wo Kinder nicht lernen durften, ihren eigenen Körper von klein auf zu verteidigen. Dazu gehört auch der Respekt vor der Tatsache, daß Kinder mit etwa drei Jahren so etwas wie Schamgefühl entwickeln. Sie wollen dann keine Zuschauer mehr, wenn sie ihr »großes« oder »kleines Geschäft« verrichten.

Hier eine Grenze zu ziehen ist angeboren. Der Erwachsene sollte dem Kind mit viel Taktgefühl helfen, diese angeborene Schamgrenze zu sichern.

Nötigen sie Ihr Kind nicht, Zärtlichkeiten auszutauschen, die es nicht will! Es muß lernen, daß Liebe nicht auf Kommando, nicht als Dank für Geschenke und nicht zugunsten des Familienfriedens abrufbar ist.

Meine Rechte, deine Rechte –
wo ist die Grenze?

Was dürfen Kinder? Noch vor ein paar Jahren wurde diese Frage ganz einfach beantwortet: alles. Als unsere Großeltern klein waren, war die Antwort auch ziemlich einfach: nichts. Die Wahrheit liegt, wie so oft, irgendwo in der goldenen Mitte.

Kinder sollen und müssen lernen, damit sie sich als Erwachsene in der Welt zurechtfinden, damit sie mündige Bürger werden und sich im sozialen Gemeinwesen positiv einsetzen können. Dazu müssen sie jede Chance nützen, die sich ihnen bietet, denn soziale Kompetenz erwirbt sich niemand ohne zu üben.

Selber Rechte zu haben geht Hand in Hand mit den Rechten anderer. Völlige Freiheit gibt es nicht. Zwischen meiner Freiheit und deiner Freiheit ist eine Grenze, die man respektieren muß, wenn man keinen Krieg will. Also müssen meine und deine Rechte früh im kindlichen Bewußtsein verankert werden.

Die Grenze zu ziehen zwischen der eigenen Freiheit und den Rechten des anderen ist eine schwierige Gratwanderung. Grenzenlose Freiheit gibt es nicht – auch nicht für Kinder.

Für Kinder scheint die Freiheit grenzenlos zu sein. Doch auch sie müssen begreifen, daß vielerlei Kompromisse erforderlich sind, um in der Welt der Erwachsenen bestehen zu können.

Ein Kind, das, soweit es geht, in das alltägliche Familienleben mit einbezogen wird, hat keine Schwierigkeiten, aus der Babyrolle herauszuwachsen.

Rechte behalten – um jeden Preis?

Lebt ein Kind mit einem Erwachsenen zusammen, mit mehreren oder mit Geschwistern, stößt es auf die Tatsache, daß es nicht allein regieren kann. Das tut weh – manchen Kindern sogar so sehr, daß sie auf Biegen und Brechen versuchen, die Babyzeit zu verlängern:

● Sie wollen nicht sauber werden
● Sie behalten ihr Babygeschrei bei
● Sie lassen sich füttern und tragen
● Sie verständigen sich in Babysprache
● Sie schlafen nachts nicht allein.

Verhaltensweisen dieser Art sichern ein hohes Maß an Zuwendung. Damit kann man eine zwei- oder mehrköpfige Familie faktisch allein regieren.

Aber damit Kinder ausreichend lernen können, muß die Babyzeit ihre Grenze haben. Die soziale Rolle eines Babys muß sich ändern. Es muß Neues lernen, um erst in der Familie, dann im Kindergarten, später in Schule und Beruf immer mehr Selbstverantwortung und schließlich Verantwortung für andere zu übernehmen.

Rechte erkennen – bei sich und anderen

Dazu gehört ganz wesentlich, eigene Rechte und die dazugehörigen Pflichten zu erkennen und wahrzunehmen. Und gleichzeitig die Erkenntnis: Andere haben auch Rechte, selbstverständlich auch Pflichten. Und dann gibt es noch – zumal in einer Familie – gemeinsame Rechte und Pflichten.

Schon kleine Kinder sind stolz, wenn sie in der Familie gebraucht werden. Es ist ein Urbedürfnis des Menschen, sich einzusetzen, etwas Sinnvolles zu tun. Leiten Sie Ihre Kinder, ob Jungen oder Mädchen, früh dazu an, kleine Aufgaben, alltägliche Pflichten zu erfüllen.

Kinder haben ein Recht auf kleine Pflichten. Sie wollen wichtig sein, Anerkennung bekommen, stolz sein auf das, was sie für die Familie »leisten«:

● Kartoffeln nach Größe sortieren
● Ein Wäschestück waschen
● Eine Pfanne oder das Spülbecken scheuern
● Den Tisch abräumen oder beim Decken helfen
● Gemüse putzen
● Dinge an ihre Plätze bringen oder Wäsche sortieren.

Arbeitsbeschaffung für Kinder

Es gibt so vieles, was Mütter ganz blitzschnell tun, ohne dabei zu bedenken, daß ihre Kinder dringend »Arbeit« brauchen. Ich gebe zu, daß Kinderarbeit auch immer Müttermehrarbeit ist. Aber das ist nicht der Punkt, um den es geht. Es geht um etwas anderes:

● Kinder sollen früh Einblick in die familiären Versorgungstechniken bekommen. Nur so lernen sie zu respektieren, was Mutter leistet, was es wirklich heißt, einen Haushalt funktionstüchtig zu halten.
● Kinder brauchen auf ihrem Weg in die Selbstverantwortung Pflichten, die ihre Identität stärken.
● Jede erlernte Technik begünstigt die Selbständigkeit und damit die Unabhängigkeit eines Menschen.

Familienmitglieder, vor allem Mütter, sollten ihre Rechte wahrnehmen, damit Kinder ihre soziale Rolle besser finden können. Der kleine Prinz, der nur Rechte hat und gar keine Pflichten, der die Rechte anderer nicht erkennt, um so mehr aber ihre Pflichten, wird als Erwachsener und auch schon als Heranwachsender wenig Sympathie finden. Eine solche Rolle kann und sollte man Kindern ersparen.

Betrauen Sie Ihr Kind mit kleinen Arbeiten im Haushalt. Es wird so spielerisch und voller Stolz auf seine Rolle lernen, Pflichten und Verantwortung zu übernehmen.

Oft glauben Kinder, daß sie sich nur kraft ihrer Lautstärke durchsetzen können.

Auf Schreien folgt Zuwendung. Das ist die erste Erfahrung, die Kinder im Umgang mit Eltern machen. Später sollten sie lernen, daß andere Formen der Kommunikation erfolgreicher sind.

Die Laut-leise-Grenze

Schreien – die Eilbotschaft

Zum Beispiel Rebecca

Rebecca erobert jedes Herz im Fluge. Dafür sorgt schon ihr Äußeres. Das kluge Kind durchschaut nahezu alles. Ihre Mutter behauptet, vor Rebecca könne man keine Geheimnisse haben. Trotzdem hat es der Rest der Familie mit der Kleinen oft schwer.

Rebecca schreit. Und wenn sie dies tut, schreit sie ganz fürchterlich. Die Mutter wird gelegentlich sogar darauf angesprochen. Einmal hat man ihr sogar angeboten, das Jugendamt einzuschalten.

Wenn die beiden Brüder spielen, will die Kleine mitmischen. Da sie aber alle Pläne der Buben durchkreuzt, wollen sie Rebecca nicht dabeihaben. Sehr verständlich und ganz normal, daß sie ihre Rechte verteidigen. Doch die kleine, abgewiesene Schwester rächt sich mit Geschrei. Dann nimmt die Mutter die Zweijährige auf den Arm und geht mit ihr zum Einkaufen oder in den Garten, bis das Thema vergessen ist.

Es ist immer wieder die Mutter, die den Brüllterror auffängt. Ganz verständlich, denn privat wie öffentlich ist Kindergeschrei Müttersache.

Was tun?

Rebecca hat als Baby gelernt, daß Schreien Zuwendung bringt und lautes Schreien noch schneller wirksam ist.

Das war gut und richtig, allerdings nur für die Babyzeit. Im zweiten Lebensjahr geht es darum, daß Kinder die Rolle wechseln. Sie sind nicht mehr »Alleinherrscher«, sondern wachsen in die Familie hinein, und d. h.:

- Warten lernen
- Bedürfnisse aufschieben können
- Die Rechte anderer entdecken und akzeptieren.

Natürlich ist das ein Abschied vom Schlaraffenland der Gefühle. Und trotzdem muß es sein. Rebecca muß dies ebenso lernen wie vor ihr ihre beiden Brüder.
Da lautes Geschrei sehr unangenehm ist und überdies an den Nerven zerrt, hat die Mutter bislang alles getan, um dieses Geschrei zu begrenzen, das Kind abzulenken. Rebecca genießt das. Sie bekommt zwar nicht immer und überall ihren Willen, aber stets einen annehmbaren Ersatz. Motto: Erst mal schreien und dann gucken, was Mama so alles zu bieten hat! So kann es nicht weitergehen.

Wenn Kinder gelernt haben, daß Schreien und Trotzigkeit nicht den gewünschten Erfolg haben, sind sie viel leichter vernünftigen und überzeugenden Argumenten zugänglich. Auch wenn dieser Lernprozeß für Mutter und Kind sehr anstrengend ist, er muß durchgestanden werden.

- Rebecca muß lernen, daß alle Beteiligten ihr Schreien nicht mögen.
- Sie muß lernen, daß Schreien nichts ändert, und d. h., daß ihr Schreien vergebliche Mühe ist.
- Die Mutter muß Rebecca »ausschreien« lassen. Danach geht es normal weiter.
- Künftig wird das Schreien also ins Leere laufen und rein gar nichts auslösen.
- Die Mutter kann auch das Zimmer verlassen, denn sie mag ja das Schreien nicht.
- Eine Verhaltensweise, die nichts, aber auch gar nichts bewirkt, legen Kinder rasch ab. Sie mögen es unterhaltsamer.

Vom Geschrei zum Dialog

Sage keiner, mit Babys könne man nicht reden! Schon sehr früh lernen sie, erste Worte richtig zu deuten.

Schon Babys unterbrechen ihr Geschrei, wenn man mit ihnen redet und sprachlich auf sie eingeht. Früher als Mütter annehmen, kennen schon die Allerkleinsten wiederkehrende Worte und begreifen deren Sinn. Babys brauchen Sprache als Nahrung für Gehirn und Seele. Sprachverständnis erwerben Babys nur, wenn sie häufig angesprochen werden.

Wartet ein Baby sehnsüchtig auf Nahrung, hat es zwei Möglichkeiten. Entweder es schreit, bis es die Flasche im Mund hat, oder es horcht auf alles, was rund um die Flasche geschieht.

Dazu braucht es die Teilnahme an der Zubereitung. Sobald ein Kind seinen Kopf aufrecht tragen kann, wächst sein Interesse an der Umwelt täglich mehr. Es kann sehr bald mit Augen und Ohren vom Arm der Mutter aus verfolgen, wie die geliebte Flasche geschüttelt und gewärmt wird. Kommt dazu die liebevolle sprachliche Begleitung der Mutter, bleibt gar keine Zeit und Energie für das Geschrei. Das Kind beobachtet und lauscht aufmerksam – und ist beschäftigt!

Bezieht man Kinder schon früh sprachlich und handelnd in alle Abläufe mit ein, die ihre vitalen Bedürfnisse betreffen, erlernen sie andere Instrumente der Kommunikation. Schon bald antworten sie durch Brabbeln und Lallen demjenigen, der sich ihnen mit liebevoller Sprache zuwendet. Ein Dialog entsteht. Endloses Schreien wird auf diese Weise erst gar nicht erlernt. Und was nicht erlernt wird, muß auch nicht mühselig wieder verlernt werden, wie das Beispiel von Rebecca zeigt.

Sprache ohne Worte

Längst bevor sie die Sprache in all ihren Facetten kennenlernen, sind Kinder versierte Mimik-Interpreten. Sie lesen in Mutters Gesicht Zustimmung, Mitleid, Schrecken, Abneigung, Erstaunen und ganz viel Liebe. Das geht so weit, daß Kinder Abneigungen und Vorlieben ihrer engsten Bezugspersonen übernehmen, ohne daß über dieses Thema je ein Wort gewechselt wurde. So wichtig Sprache ist, die Mimik ist es auch. Ist sie doch nicht zuletzt ein untrügliches Zeichen dafür, ob unser Gegenüber die Wahrheit sagt, etwas verheimlicht oder gar das Gegenteil von dem sagt, was es wirklich meint. Erwachsene, die miteinander kommunizieren, kommen nicht ohne gegenseitige Beobachtung ihrer Mimik aus, wenn sie sich wirklich verstehen wollen. Erlernt wird das bereits in frühester Kindheit.

Ein Kind nimmt ohne jede Lautäußerung wahr, daß die Mutter eine volle Windel anders anschaut als Babys strahlendes Gesicht. Lacht das Baby, blickt die Mutter es anders an, als wenn es quengelt oder schreit.

Wo aber so große Kompetenz beim Mienenspiel herrscht, sollte man sie auch nützen. Da plagen sich Mütter ab mit langen und immer lauteren Erklärungen, dabei hat ihr Kind beim ersten Blick schon verstanden, daß soeben ein Stoppzeichen erschienen ist. Und das geht so:

Noch bevor ein Baby die ersten Worte spricht, weiß es die Mimik der Mutter richtig zu deuten. Diese Fähigkeit können Sie nutzen, wenn Sie sich Ihrem Kind verständlich machen wollen.

Das erste Stoppzeichen steht immer im Gesicht

Darauf folgt »nein« oder »bitte nicht«.
Wenn keine Gefahr im Verzug ist – warten Sie.
Falls das Kind nicht reagiert, heißt es handeln, jedoch
ohne Emotionen, ohne Worte. Das Nein wird praktisch
vollzogen. Und Schluß. Es gibt kein zweites Nein.
Dieser kurze Nein-Prozeß ist Kindern wesentlich dien-
licher als langes, lautes Getöse, an dessen Ende erschöpf-
te Sieger und Besiegte stehen. Erscheint in der Mimik der
Mutter ein Nein, ist dies begründet, und das Kind muß
dies wissen. Vielen Kindern reicht das auch aus. Sie können innehalten, wollen aber dennoch eine Begründung
für das Nein. Die Begründung ist sehr wichtig. Sie stärkt
zudem das Vertrauen. Die Kinder wissen, daß jedes Nein
einen Sinn hat und nicht willkürlich ist. Beim kurzen
Nein-Prozeß gibt es keine Sieger und Verlierer.

Ein Beispiel

Die Mutter sitzt am Tisch und liest Zeitung. Plötzlich
hört sie, wie Kinderhände ganz sachte von der Glasplatte
die kleine Musikuhr – das Heiligtum des Großvaters –
hochheben. Sie wendet sich dem Kind zu. Kind und Mutter schauen sich an. Die Kinderaugen fragen vorsichts-
halber nochmal zurück: wirklich nicht? »Nein«, sagt die
Mutter. Das Kind weiß nicht recht, wie es die Uhr wieder
absetzen soll. Da steht die Mutter ruhig auf, nimmt die
Uhr in ihre Hände und läßt das Kind sie betrachten. Danach kommt die Uhr oben auf den Schrank. Die Mutter
kann dann weiterlesen.

Das Beispiel – leicht abgewandelt

Die Mutter liest Zeitung. Plötzlich hört sie, wie Kinderhände ganz sachte die Spieluhr hochheben.

Leise und doch unmiß-
verständlich: Ein Blickkontakt, ein
deutliches Nein und eine
freundliche Hilfestellung lassen
das Kind über nichts im unklaren –
auch wenn es anfangs recht
schmerzlich ist.

»Was machst du da?« fragt die Mutter. Die Spieluhr wird zurückgesetzt. »Nichts«, sagt das Kind.

Kurz darauf dasselbe Spiel, dieselben Worte, nur etwas lauter. Wieder klappert die Uhr auf der Glasplatte.

»Habe ich dir nicht gesagt, du sollst die Hände von der Uhr weglassen?«

»Ich will aber!«

»Wenn du noch mal hinfaßt, haue ich dich!«

Das Kind nimmt die Uhr und drückt sie an sich.

»Stell sie sofort zurück!«

»Nein!«

Ein sinnloser Machtkampf

Man muß den Rest nicht schildern, weil ihn wohl jeder kennt: ein absolut sinnloser Dialog. Zum Schluß gibt es Wut und Tränen und – taube Ohren! Wo soviel Lärm um eine Bagatelle entsteht, gibt es auch ganz unnötig Sieger und Besiegte.

Beim ersten Beispiel, wenn man so will, gab es nur einen Sieger: die Uhr. Verlierer gab es nicht.

Beim zweiten Beispiel hat das Kind gelernt, jedes Nein ist eine unendliche Geschichte, auf die man sich ruhig mal einlassen sollte. Zumal nicht gewiß ist, ob die angedrohte Ohrfeige auch Wirklichkeit wird. Und es hat gelernt, daß laut besser ist als leise, denn es hat sich der Lautstärke seiner Mutter ebenbürtig gezeigt.

Klar, daß der Dialog zwischen Mutter und Kind sinnlos war. Er führte zu nichts, außer zu immer höheren Tonlagen und zum Stau der Gefühle. Und in diesem Stau verfangen sich dann beide, Mutter und Kind.

Und es bleibt bei beiden das unbestimmte Gefühl, sich im Grunde wegen gar nichts aufgeregt zu haben. Eine Sache, aus der auch wieder Mißstimmung und damit neuer Ärger entstehen können, zumal dann, wenn dieser Tonfall beibehalten wird.

Ein sinnloser Dialog, lautstark geführt, und halbherzige Drohungen führen nur zu trotzigen Kindern und wütenden Müttern. Ein Kampf, der nur Verlierer zurückläßt.

Laut macht taub

Wenn Grenzen undeutlich gesteckt sind, geht, wie das letzte Beispiel gezeigt hat, viel Energie verloren. Nehmen wir an, oben beschriebenes Kind wird bald nach der unersprießlichen Uhr-Episode gebeten, sein Spielzeug aufzuräumen und ins Bad zu gehen.

Das Kind wird dieser Aufforderung insgeheim Strafcharakter beimessen. Es wird also wenig motiviert sein, irgend etwas zielgerichtet zu tun. Wenn dann die Mutter mehrmals fragt, wie weit es ist, wird es irgendeine Antwort geben. Es wird aber nicht sagen, wie es sich fühlt. Und gerade dies wäre in diesem Augenblick sehr wichtig. So plätschert abermals ein Dialog zwischen beiden dahin, der zwar Energie kostet, aber der Sache nicht dient. Das Kind schiebt seine Spielsachen von einer in die andere Ecke. Aufräumen ist sowieso ein weites Feld. Dann geht es ins Bad – auch ein weites Feld. Natürlich ist die Mutter mit beiden Ergebnissen unzufrieden, obwohl sie einen klaren Auftrag nicht ausgesprochen hat.

So gibt zum Abendbrot ein Wort das andere. Und weil das Kind nach dem Zubettgehen noch mehrmals wieder erscheint, bleibt es laut.

Grundschullehrer berichten heute über Kinder, deren Stimmen sich beständig überschlagen, die normales Rufen durch Schreien ersetzen, die kaum leise werden, nicht zuhören und kein Gespräch führen können. Die Zahl dieser lauten Kinder nimmt ständig zu. Und es wächst die Zahl derer, die Schlafprobleme haben.

Was tun?

- Erschlagen Sie Ihr Kind nicht mit lauten Worten.
- Dehnen Sie nie eine Auseinandersetzung unnötig aus.
- Denken Sie bei jedem Wort daran: Laut macht taub!
- Geben Sie sich Rechenschaft über Ihre Gefühle.

Laut macht taub!

Kinder, die nur an lautstarke Auseinandersetzungen gewöhnt sind, lernen nicht, sich mit sozial verträglichen Mitteln Gehör zu verschaffen.

- Versuchen Sie, die Gefühle und Stimmungen Ihres Kindes herauszufinden.
- Besprechen Sie mit Ihrem Kind etwaige Mißstimmungen, geben Sie es zu, wenn Sie falsch reagiert haben.
- Lassen Sie ab dem späten Nachmittag auch Ihrem Kind gegenüber etwas lockerer.
- Sorgen Sie am Abend für leise Töne.
- Plaudern Sie am Bett mit Ihrem Kind. Richten Sie seinen Blick auf das, worauf es sich morgen freuen kann.

Ihr Kind wird diese ruhigen Abende genießen. Und es wird mit Sicherheit gut danach schlafen.

Laut oder leise – die Erwachsenen sind Vorbild

Es ist bis jetzt noch nicht komplett untersucht worden, welche Verhaltensänderungen uns das Auto in den letzten 40 Jahren gebracht hat. Und vor allem: Was lernen Kinder im Auto? Geht das Kind z. B. mit Papa und Mama über die Straße und die Nachbarn kommen ihnen entgegen, so arrangieren sie sich, wer wie welche Richtung nehmen will. Vielleicht fallen ein paar nette Worte. Sitzt aber das Kind mit Papa und Mama im Auto, liegen die Verhältnisse völlig anders. Dann hat das Auto plötzlich Rechte, die Fußgänger nicht haben. Und wenn manches nicht so läuft wie gedacht, fallen laute Worte. Das Auto als schalldichte Kabine schluckt manches Getöse. Was aber schlucken die Kinder?
Welches Verhalten lernen sie dabei?
Oder wenn der Vater im Garten lautstark das Handy benützt, während die Kinder wegen der Nachbarn zu leiseren Tönen angehalten werden. Was lernen Kinder da?
Oder der Rasen wird am Wochenende mit einem Getöse gemäht, das fünf Gärten weiter noch als störend empfun-

Weit verbreitete Unsitten der Erwachsenen geben Kindern ein schlechtes Beispiel. Ob im Auto laut geschimpft oder in jeder Situation das unvermeidliche Handy benutzt wird – hier lernt das Kind: Laut setzt sich durch!

den wird. Was lernen Kinder da? Abends sollen Kinder schlafen. Aber der Fernseher hallt durch die Wohnung, so daß sie kein Auge schließen können. Beschweren ist zwecklos. Wenigstens abends will Vater auch mal sein Vergnügen haben. Basta.

Was tun?

Wer in der Stadt wohnt, wird wissen, daß es da wirkliche Stille nicht einmal nachts gibt.

Nun sind aber unsere Ohren unser empfindlichstes Organ. Wer seinen Ohren zuviel zumutet, lebt alsbald in einer so unerträglichen Spannung, daß der Körper in Mitleidenschaft gezogen wird. Schlafprobleme und Konzentrationsstörungen sind nur eine mögliche Reaktion auf ständige Lärmbelastungen.

Kinder sind meist nicht gerade leise. Doch auch sie leiden unter übermäßiger Lärmbelästigung. Wer Kinderohren zuviel zumutet, muß damit rechnen, daß Konzentrationsfähigkeit und Lernbereitschaft nachlassen und Schlafprobleme zunehmen.

Wir haben aber weder den Straßen- noch den Luftverkehr im Griff, wir können nächtliche Passanten kaum daran hindern, lärmend durch unsere Straße zu ziehen, gegen Dosen zu kicken oder ein Radio unter dem Arm zu tragen. Kühlanlagen laufen nachts weiter. Stromaggregate kennen weder Tag noch Nacht.

Lärm, den man vermeiden kann

Eines aber können wir als Erwachsene tun: Den Lärm um unsere Kinder nicht noch zusätzlich vermehren.

- Überlegen Sie, ob das Radio wegen einer ausgewählten Sendung läuft oder völlig ohne Grund. Dann machen Sie es aus. Ihre Haltung zu den Dingen ist das Vorbild, das Ihre Kinder brauchen.
- Den Fernseher kann man auch mit Kopfhörer genießen. Grundsätzlich sollte niemand, der nicht zuhören mag, vom Fernseher belästigt werden. Am allerwenigsten aber Kinder.
- Gehen Sie lieber ein paar Schritte auf Ihr Kind zu, anstatt aus der Entfernung seinen Namen zu brüllen.
- Reagieren Sie Ihrerseits auf Geschrei nicht mit Brüllen. So wird der Lärmkreislauf unterbrochen.
- Nehmen Sie gelegentlich statt des Staubsaugers den ganz einfachen Teppichkehrer zur Hand. Das entlastet Ihre Ohren sowie die anderer und spart Strom.
- Wie oft läuft der Motor Ihres Autos im Stand?
- Oft ist die Unterhaltung der Erwachsenen so laut, daß Kinder sich nur lautstark einklinken können. Für den leisen verbalen Stupser bleibt oft gar keine Chance.

Wir haben es, trotz allem, in der Hand, ob unsere Kinder eine sinnvolle Grenze zwischen laut und leise entdecken und dann, weil sie die leiseren Töne mögen, die Grenze einhalten. Auch wenn sie erwachsen geworden sind.

Geben Sie Ihrem Kind ein gutes Beispiel, was die Vermeidung von Lärm angeht! Kein plärrender Fernseher, keine lautstarke Debatte sollte die leise verbale Annäherung des Kindes unhörbar machen.

Kinder lieben klare Verhältnisse. Deshalb leiden sie besonders unter der Unentschlossenheit ihrer Eltern.

Das entschiedene Jein mag Politikern angemessen sein, Kinder können damit gar nichts anfangen. Ein Ja verpflichtet, ein Nein zieht klare Grenzen, beides ist nachvollziehbar und gibt Sicherheit.

Die Ja-nein-Grenze

Die unselige Jein-Botschaft

- Sagt jemand ja, ist er gebunden.
- Sagt jemand nein, zieht er sich möglichen Zorn zu.
- Zieht er sich mit einem Jein aus der Affäre, ist er fürs erste gerettet.

Nur nicht festlegen! Diese »Wackelpuddingkultur« greift wie ein Virus um sich. Wenn Politiker untereinander mit ihren Jein-Botschaften verkehren, so muß man sie ja nicht wieder wählen. Freunde, die sich vor einem klaren Ja oder Nein drücken, muß man nicht wieder einladen.

Vertrauen geht verloren

Was machen aber Kinder mit ihren Eltern, wenn diese sich permanent ins Jein flüchten? Man kann als Kind seine Eltern nirgends abgeben. Die Kinder leben in der Unsicherheit, ob das, was sie tun, richtig oder schon wieder falsch ist; obwohl es gestern noch richtig war, kann es morgen schon wieder verkehrt sein.
Spätestens in der Pubertät wehren sich diese Kinder gegen alles, was ihnen das Elternhaus aufgebürdet hat. Viele von ihnen suchen sich dann Gruppen, die klar nein und klar ja sagen können. Es sind dies zumeist Gruppen mit sehr einfachen Ideologien. Wollt ihr Ausländer? Nein. Wollt ihr Linke? Nein. Hinterfragt wird nichts. Das blanke Nein und das blanke Ja sind diesen Gruppen Maxime genug. Zu oft und zu lange sind sie in ihrer Kindheit ohne klare Botschaften allein gelassen worden.

»Ja« oder »nein« – bedeutsam wie »rechts« oder »links«

Wenn Sie in einer Ihnen völlig fremden Stadt den Bahnhof verlassen und fragen, ob Sie nach Grünbach rechts oder links laufen müssen, sind Sie für eine wahrheitsgemäße Auskunft recht dankbar. Werden Sie veralbert oder weiß es der Auskunftgebende nicht besser, stehen Sie nach einem Kilometer Fußmarsch schließlich in Blaubach, während Grünbach nunmehr zwei Kilometer in der entgegengesetzten Richtung liegt.
Sie kennen das Kinderspiel. Willst du die rechte oder die linke Hand? Erwischt man die falsche Hand, nämlich die leere, bekommt man den Gegenstand in der anderen Hand ganz einfach nicht. »Rechts« oder »links« ist folgenschwer. Auch beim Ja und Nein ist das Vertauschen folgenschwer. Kinder sind da sehr feinfühlig. Wenn sie einen Begriff und das dazugehörige Wort erst einmal erobert haben, möchten sie das von allen ganz deutlich so gehandhabt wissen.

Ein Ja oder Nein hat für Kinder klare Folgen. Sie orientieren sich daran, wie jemand, der nach dem Weg fragt, und ein »rechts« oder »links« zur Antwort bekommt.

Zum Beispiel Jana

Die Mutter hat Jana verboten, aus irgendwelchen Brunnen in der Stadt zu trinken. Auch der Hund der Familie darf das nicht. Die Mutter hat auch erklärt, warum das gesundheitsschädlich ist: Das Wasser läuft nämlich im Kreislauf vom Becken in den Speier und zurück, ohne jemals zwischendurch gereinigt zu werden.
Nun hat Jana mit dem Kindergarten einen Ausflug in die Nachbarstadt gemacht. Alle Kinder bekamen einen Becher und durften ihn unter den dortigen Wasserspeier halten. Jana hat mit getrunken.
Wieder zu Hause, will Jana plötzlich an allen Brunnen trinken. Die Mutter ist entsetzt, Jana verzweifelt. Beide stehen vor einem Rätsel. Schließlich sagt Jana, die Kindergärtnerin habe ihr das Trinken erlaubt.

In einem Gespräch stellt sich dann schließlich heraus, daß die Kinder den Kurpark besucht und dort Heilwasser getrunken haben.

Das feste Ja- oder Nein-Gefüge eines Kindes ist leicht erschütterbar, seine Sehnsucht nach festen Ordnungen wird rasch enttäuscht, wenn der Erwachsene die gerade Linie verläßt. Dann schwankt die Welt, dann kann man sich in ihr gar nicht mehr gut zurechtfinden.

Je kleiner Kinder sind, desto fester muß die Ja-nein-Grenze gezogen werden. Kinder wollen Bescheid wissen. Heute »ja« und morgen »nein«, und dann wieder umgekehrt, verunsichert Kinder. Sie müssen dann jedes Ja oder Nein erst testen, bevor sie es akzeptieren.

Ein Nein braucht Übung

Sobald Kinder entdecken, daß sie nicht alles tun müssen, was Erwachsene von ihnen wollen, genießen sie diesen Zustand als etwas völlig Neues und Aufregendes.

Auch wenn sie es noch nicht akzeptieren will: Ein klares Nein ist allemal besser als ein halbherziges Versprechen, das dann doch nicht eingehalten wird.

Das kleine Ich geht permanent auf Entdeckungsreise. Es ist großartig, was man für Aufregungen auslösen kann, wenn man erstmal ganz stur und starr nein sagt. Die Eltern erkennen ihr Kind nicht wieder: gestern noch ein Lamm, heute professioneller Neinsager. Wie alles, was Kinder entdecken, ist auch das Nein – die Abgrenzung vom Erwachsenen – ein notwendiges Lernpensum.
Ein Mensch, der nicht nein sagen kann, hat es schwer. Er tappt in manche Falle, die ihm ein klares Nein erspart hätte. Da hilft nur üben – von klein auf.

Jetzt ist Geduld nötig

Wo aber geübt wird, gerät auch manches daneben. Also sagen Kinder erstmal kräftig nein, bevor sie sinnvolle und sinnlose Neins von einander trennen können. Beim Erwachsenen setzt das Geduld und gleichermaßen Verständnis voraus.
Setzt der Erwachsene nur sparsame, aber unumstößliche Neins, fällt es Kindern leichter, sich an dieser ausgewogenen Nein-Technik zu orientieren. Purzeln dagegen die Jas und Neins und Jeins ungeordnet durcheinander, fällt es dem Kind schwer, sein eigenes Nein sinnvoll anzubringen. Respektiert man das kindliche Nein, lernt das Kind abwägen zwischen Ablehnung und Zustimmung. Respektiert man das kindliche Nein nicht, setzt das Kind einen nervenaufreibenden Neinsageprozeß in Gang. Sehr verständlich eigentlich, denn wenn es gehindert wird, sein Lernziel zu erreichen, übt es weiter.

Das Ja und die Folgen: versprochen ist versprochen

Ein klares, sinnvolles Nein, das man nicht umkippen kann, stellt einen Zaun im Kinderleben dar. Dieser Zaun gibt Sicherheit und bewahrt die überschaubare Ordnung, die Kinder über alles lieben.

Wenn Kinder das Wörtchen »nein« für sich entdecken, ist das für die Eltern erst einmal etwas schwer. Sie sollten aber bedenken, daß ein Kind – neben vielen anderen Dingen – natürlich auch lernen muß, nein zu sagen.

Das Ja öffnet Türen. Ja ist Zustimmung. Ja heißt: Tu das, es tut dir gut! Das Ja in der Erziehung macht das Nein zur Ausnahme. Es gibt unendlich mehr zu erlauben, gutzuheißen, als mit einem unumstößlichen Nein zu belegen und abzuschmettern.

Das Ja ist ein Versprechen

Ist das Kind erst einmal aus seiner Nein-Phase herausgewachsen, wird es zum fröhlichen Bejaher. Vorbild sind die nächsten Erwachsenen. Was geschieht mit dem Ja der Mutter, die einen Zoobesuch für Sonntag versprochen hat? Mit dem Ja des Vaters, der Samstag mit ins Schwimmbad gehen will? Das einmal geäußerte Ja ist ein Versprechen, auf das Kinder felsenfest zählen. »Versprochen ist versprochen« scheint eine angeborene Maxime aller Kinder zu sein. Machen sie gute Erfahrungen damit, bauen sie ihre eigene Verläßlichkeit auf. Machen Kinder schlechte Erfahrungen mit der Verläßlichkeit der Erwachsenen, stellt sich ihr Ja öfters als brüchig heraus, nehmen sie ihre eigenen Versprechen nicht mehr ernst. Wieso auch?
Wie beim Nein braucht ein Kind auch beim Ja ein Übungsfeld. Es sagt in bester Laune etwas zu, was es fünf Minuten später schon wieder vergessen hat oder wozu seine Kräfte gar nicht ausreichen.

Zum Beispiel Clemens

Clemens hat sich zum Geburtstag nichts sehnlicher als ein Kaninchen gewünscht. Hoch und heilig hat er geschworen, das Tier allein zu versorgen. Dann ist es da und Clemens schon nach kurzer Zeit überfordert. Die Mutter hilft, damit das Kaninchen nicht zu kurz kommt. Nun muß sich Clemens jeden Abend die Gardinenpredigt seines Vaters anhören. Und das ist fürchterlich.

Ein Ja ist immer ein Versprechen. Wenn Erwachsene ein solches Versprechen geben, müssen sie es halten. Ein Kind, das mit seinen Eltern in dieser Hinsicht schlechte Erfahrungen macht, hat auch keinen Grund, sich an sein eigenes Wort zu halten.

Erst fragt der Vater seine Frau, ob sie heute wieder beim Kaninchen war, dann geht es los: »Du hast doch versprochen, ganz allein für das Tier zu sorgen! Jetzt hat deine Mutter die Arbeit. Du bist wortbrüchig.«

Clemens, näher betrachtet

Um einen Hasen zu bekommen, hätte Clemens alles auf dieser Welt versprochen. Was es heißt, als Erstkläßler jeden Tag einen quicklebendigen Hasen zu versorgen, konnte er gar nicht ermessen. Nicht einmal den Eltern war ja klar, daß ein Schulkind mit dieser Aufgabe total überfordert ist. Mit ein wenig Vernunft hätten sich die Eltern einen Plan machen können, was für so einen Hasen alles erforderlich ist. Einen kleinen Teil davon hätten sie an Clemens delegieren können. Er hätte somit eine Aufgabe gehabt, die er erfüllen kann. Allmählich hätte sich sein Aufgabenkreis erweitert. Es macht Kinder stolz, wenn sie etwas können und wenn sie es gut machen. So aber hat Clemens täglich seine Niederlage vor Augen, dazu noch das unsinnige Gerede des Vaters. Das Glück, einen Hasen zu haben, hat sich bei Clemens ins gerade Gegenteil verkehrt.

Prüfen, ob der Vorsatz realistisch ist

Wenn Kinder etwas versprechen, brauchen sie unbedingt die Hilfestellung der Erwachsenen. Sie müssen abschätzen können, ob das Kind sich übernimmt, oder ob eine realistische Chance besteht, daß dieses Ja (oder Nein) auch vom Kind eingehalten werden kann. Eltern müssen das Ja wie das Nein respektieren. Sie haben aber auch gleichzeitig die Pflicht, dem Kind dabei zu helfen, seine Grenzen zu finden. Denn nur so kann es lernen, zu seinem Ja oder seinem Nein zu stehen. Eine Eigenschaft, die es für sein Erwachsenenleben dringend braucht.

Seien Sie tolerant mit kindlichen Versprechen. Oft können Kinder überhaupt nicht ermessen, was sie damit zusagen. Wenn sich das Kind übernimmt, sollten Sie nicht stur auf Erfüllung bestehen, sondern Hilfestellung geben, damit es die Grenzen seiner Möglichkeiten erkennen lernt.

Noch ist es für sie zu gefährlich, allein am Wasser zu spielen. Später, wenn sie schwimmen kann, wird diese Grenze fallen.

Grenzen, die Kinder schützen und behüten sollen, sind natürlich nicht ewig gültig. Die Kinder wachsen aus ihnen heraus wie aus zu kleinen Kleidungsstücken.

Auch Grenzen haben Grenzen

Verbote und ihre Verfallsdaten

Wenn Grenzen richtig gesetzt werden, sind sie wie Maßanzüge. Doch Kinder wachsen heran und verwachsen die Maßanzüge.

- Mit vier durfte Alexander keine Milch aus dem Kühlschrank trinken. Mit 14 tut er es täglich.
- Mit zwei durfte Alexander weder Messer noch Schere in die Hand nehmen. Als er fünf war, brachte ihm der große Bruder den sicheren Umgang mit Messer und Schere bei. Seitdem hantiert er täglich damit.
- Mit sechs durfte Alexander noch nicht allein zur Schule gehen, weil da eine sehr gefährliche Straße zu überqueren war. Mit zehn war er umsichtig genug, um es allein zu schaffen.
- Mit vier ging er um 20 Uhr schlafen. Mit 14 entscheidet er allein, wieviel Schlaf er braucht.
- Mit drei planschte Alexander im Kinderbecken. Mit zwölf darf er im Bodensee schwimmen.

Bleibende Grenzen

Das alles sind Grenzen, die nur dazu da sind, um der Entfaltung eines Kindes Sicherheit zu geben. Ihre Verfallsdaten sind absehbar. Andere Grenzen, die wir Kindern setzen, werden zur lebenslänglichen Leitlinie. Es handelt sich dabei um ethisch-moralische Normen, ohne die eine Gesellschaft nicht auskommt, die jede Familie braucht, um Geborgenheit und Sicherheit zu vermitteln:

- Einander nicht zu belügen. Die Wahrheit zu sagen, so gut es geht – oder zu schweigen
- »Mein« und »dein« zu respektieren. Auch den Körper des anderen, ebenso wie seine Meinung
- Tiere nicht zu quälen
- Versprechen zu halten
- Geheimnisse nicht auszuplaudern. Verschwiegenheit hochzuschätzen
- Nicht über andere zu klatschen, sie schlechtzumachen, um sich selber in ein besseres Licht zu stellen
- Schwächere zu schützen
- Rücksicht zu nehmen und anderen auch mal den Vortritt zu gönnen.

Die Liste ist hier nicht zu Ende. Aber sie zeigt deutlich den Unterschied zwischen den Grenzen, die sich verwachsen und jenen, die zeitlebens sinnvoll sind.

Auf zu neuen Grenzen – aber zu welchen?

Stellen Sie sich einmal einen unendlich weiten Raum vor, in dem weder Baum noch Strauch den Blick begrenzen. Könnten Sie sich da zu Hause fühlen?
So wie der Mensch Grenzen braucht, um seinen Raum abzustecken, sich in ihm geborgen und zu Hause zu fühlen, genauso braucht er auch Grenzen, um sein Verhalten dosieren zu können. Er schafft damit eine Atmosphäre, in der er sich selbst wohl fühlt, die aber auch andere anzieht, in der sie sich ebenfalls geborgen fühlen.

Ein Beispiel

Oliver hat zwei Großelternpaare, eines in Hamburg und eines in Essen. Alle sind noch rüstig, haben Geld und Zeit, also ideale Voraussetzungen, um Kinder um sich zu haben. Nach Essen fährt Oliver liebend gern. Dort gelten

Ethisch-moralische Grenzen – ehrlich zu sein, Schwächere zu schützen u. ä. – sollten für ein ganzes Leben gelten. Hier sollten Eltern ein klares und unmißverständliches Beispiel geben.

Wer in seiner Kindheit und Jugend keine sozialen Normen erlernt hat, wird im Alter kaum einen erträglichen Zeitgenossen abgeben. Im schlimmsten Fall wird er vereinsamt leben müssen.

genau die Grenzen, die zu Hause auch gelten. Und er findet dort alle Regeln bestätigt, die auch daheim wichtig sind. Bei Oma und Opa in Hamburg findet sich Oliver dagegen gar nicht zurecht.

Was Hänschen nicht lernt ...

Der Opa meckert über jedes Essen. Abends läßt er den Fernseher so laut laufen, daß Oliver bis Mitternacht nicht einschlafen kann. Mitten in der Hausarbeit muß die Oma alles stehen und liegen lassen, um mit dem Opa spazierenzugehen. Stellt Oliver eine Frage an den Großvater, sagt der nur, daß kleine Jungen nicht so neugierig sein sollten. Kurz und gut, der Opa verbreitet durch sein Verhalten eine solche Atmosphäre um sich herum, daß kein Kind es bei ihm aushält. Schon als Mann in den besten Jahren hat sich Olivers Großvater keine Grenzen auferlegt. Daß er mit zunehmendem Alter immer weniger soziale Tugenden zeigt, ist da fast zwangsläufig.

Soziale Grenzen

Liegen die Grenzen der Kindheit erst einmal zurück, muß der Heranwachsende oder bereits Erwachsene sich selber Grenzen setzen, um sozial erträglich zu sein.

- Wer sein Äußeres vernachlässigt, wer glaubt, keine Manieren zu benötigen, stößt bestimmte Menschen so vor den Kopf, daß sie seine Gesellschaft meiden.
- Wer selbstherrlich alle unter den Tisch redet und nur seine Meinung gelten läßt, wird bald isoliert sein.
- Wer nicht fähig ist, Rücksicht zu üben, steuert unweigerlich in die Einsamkeit.

Es muß also Grenzen geben, und zwar ziemlich früh, weil man in jungen Jahren besser lernt als in späteren. Und weil man in jungen Jahren leichter Freunde erwirbt als im Alter, die man dann aber dringender braucht als in jeder anderen Lebensphase zuvor.

Es ist von den sozialen Grenzen die Rede. Sie decken sich nur zum Teil mit den ethisch-moralischen Grenzen, auf die die Gesellschaft ein Recht hat. Wer etwa mit zwei Zentnern Lebendgewicht ständig kürzeste Hosen trägt oder dauernd mit Lockenwicklern im Haar herumläuft, kommt mit keinem Gesetz in Konflikt, sondern handelt sich soziale Ausgrenzung ein. Und die, fürchte ich, ist oft schwerer zu ertragen als ein paar Tage Gefängnis.

Moralisch-ethische Grenzen schauen sich Kinder ebenso bei den Erwachsenen ab wie soziale Grenzen. Sie prüfen, ob das, was die Erwachsenen praktizieren, mit dem übereinstimmt, was sie formulieren und lautstark von ihren Kindern abverlangen.

Wer es als Kind gelernt hat, ethisch-moralische Grenzen zu akzeptieren und Toleranz zu üben, wird auch im Umgang mit der älteren Generation keine Probleme haben.

Unnötige Grenzen

Wenn Grenzen einmal sinnvoll waren, heißt das noch lange nicht, daß sie immer sinnvoll bleiben.
Natürlich handelt es sich hierbei nicht um ethisch-moralische oder soziale Grenzen, die niemals ihre Gültigkeit verlieren. Sondern vielmehr um jene Grenzen, die Kinder so lange »einzäunen«, bis ihre Kompetenz gewachsen ist, bis sie ganz einfach ohne Zaun sicher leben können.
Ab einem bestimmten Zeitpunkt können Grenzen unnötig werden.
Und unnötige Grenzen machen das Leben nicht nur schwer, sie machen auch erfinderisch.

Zum Beispiel Konrad

Die Eltern haben keinen Fernseher, weil sie es weltanschaulich nicht mit sich vereinbaren können. Sie lehnen auch alle Lebensmittel ab, die Zucker enthalten.
Konrad ist zwölf Jahre alt. Wenn man sich mit ihm unterhält, muß man feststellen, daß er alle Sendungen kennt, die Gleichaltrige auch kennen. Er hat auch Süßigkeiten im Schulranzen. Der kluge Junge hat beizeiten gelernt, die starren Grenzen seines Elternhauses ganz unspektakulär zu unterlaufen. Da ihm das so gut glückt, wird er versuchen, auch andere, nämlich sinnvolle Grenzen zu unterlaufen. So wurde Konrad auf dem Schulhof bereits mit Zigaretten und Bierdosen erwischt.
Da sich die Eltern auf kein konstruktives Gespräch einlassen, bleiben die für Konrad unsinnigen Grenzen bestehen. Und so wird der Junge weiterhin versuchen, diese und andere gesteckten Grenzen zu umschiffen.
Es muß einmal gesagt werden, daß es viele Eltern gibt, die so vernarrt in ihre einmal gesteckten Grenzen sind, daß ihnen jede Lockerung schwerfällt und jedes Aufheben der Grenze noch schwerer.

Es gibt auch unsinnige Grenzen. Wenn es zu viele sind, die das Kind nicht nachvollziehen kann, wird es große Fähigkeiten beim Umgehen von Vorschriften entwickeln – und das kann schlimme Folgen haben!

Es liegt klar auf der Hand, daß solche Grenzziehungen, die ja keineswegs freiwillig akzeptiert werden, die Entfaltung eigener, angemessener Vorstellungen torpedieren. Der Heranwachsende bekommt überdies nicht die Chance auszuprobieren, was außerdem noch akzeptabel wäre. Ist er schließlich auf sich allein gestellt, wird er zunächst einmal das Gegenteil von dem tun, was er bislang zwanghaft erfüllen mußte. Das kostet eine Menge Energie, die anderswo verlorengeht. Und der Weg zurück zur Mitte wird nur ganz mühselig gelingen.

Machen Sie, wenn es nicht gerade um grundlegende Dinge geht, Kindern und Jugendlichen nicht zu viele Vorschriften. Um im Leben bestehen zu können, müssen sie die Chance haben, Alternativen auszuprobieren.

Grenzen für Erwachsene

Solange wir Kinder sind, gibt es wohlmeinende Menschen, die immer dort eine Grenze setzen, wo eine Falle versteckt ist, von der uns Gefahr droht oder zu drohen scheint. Sobald wir erwachsen geworden sind, müssen wir selber die Augen offenhalten.

Wenn an einer Kiesgrube »Baden verboten« steht, werden wir alles tun, um Kinder dort am Baden zu hindern. Springt ein Erwachsener in die verbotene Kiesgrube, schütteln wir nur den Kopf. Wenn wir dann in der Zeitung lesen, daß dort wieder jemand ertrunken ist, wird uns das nicht übermäßig zusetzen. Erlegt sich ein Erwachsener keine Grenzen auf, muß er die Folgen tragen. Es wird ihm unterstellt, daß er als Kind die Chance hatte, sinnvolle Grenzen zu erwerben.

Grenzverletzungen mit Folgen

Wenn ein Erwachsener trotz hoher Promillewerte Auto fährt, muß er mit dem Entzug des Führerscheins rechnen. Er kann unter Alkoholeinfluß aber auch eine schwangere Frau überfahren oder ein spielendes Kind. D. h., wenn Erwachsene Grenzen mißachten, ist das zumeist erheblich schwerwiegender als das kindliche Übertreten von Grenzen. Erwachsene bürden die Folgen in der Regel nicht nur sich selbst, sondern sehr wohl auch anderen Mitmenschen auf.

Wenn sich Erwachsene nicht an bestimmte Grenzen halten, wird das von ihresgleichen meist toleriert.

Kinder hingegen werden überall und von jedem in ihre Grenzen verwiesen. Warum eigentlich?

Ein falscher Freiheitsbegriff

Ich denke, daß dies sehr viel mit dem völlig falsch interpretierten Begriff von Freiheit zu tun hat.

Kinder haben keine Freiheit, sie sind abhängig von ihren Eltern. Erwachsene dagegen sind frei. Sie sorgen für sich selber.

Wer keine Freiheit hat, muß Grenzen einhalten. Wer Freiheit besitzt ... Da beginnt der Irrtum.

Wir können einen Raum nur als Raum erkennen, wenn er sichtbar abgesteckt ist, etwa mit Wänden, Dach und Fenstern. Eine endlose Weite ist kein Raum, in dem wir Zuflucht finden könnten oder uns wohlfühlen. Genauso ist Freiheit nur dann für uns sinnvoll, wenn wir durch Grenzpfähle erkennen können, wie groß die Spielwiese der Freiheit wirklich ist.

Wenn wir Kindern Grenzen setzen, akzeptieren wir im Grunde die Auffassung, daß es keine grenzenlose Freiheit gibt. Trotzdem schleicht sich bei vielen Erwachsenen immer wieder der Gedanke ein, ihre ganz spezielle Freiheit sei eben doch grenzenlos.

Freiheit ist nicht grenzenlos

Entweder sind solche Leute dumm, brutal rücksichtslos, oder sie hatten als Kinder keine Chance, das sinnvolle Einhalten von Grenzen zu üben.

Reife Erwachsene setzen sich ein Leben lang mit Gren-

Auch als Erwachsener hat man Grenzen. Schwierig dabei ist, daß man weniger Vorschriften bekommt, dafür aber die Folgen seines Tuns eigenverantwortlich abschätzen lernen muß.

zen auseinander. Ein Beispiel: Millionen Menschen sortieren täglich ihren Müll, kaufen bewußt, bevorzugen chemiefreie Produkte, lassen das Auto öfter stehen und schützen ihre Umwelt. Eine solche Begrenzung war vor zehn Jahren noch nicht nötig und damit nicht denkbar. Heute erlegen sich die Menschen diese Grenzen freiwillig auf. Warum tun sie das?

Freiheit ist immer auch Einsicht

Sie haben erkannt, daß völlige Freiheit immer eine Sackgasse ist. Die wirkliche Freiheit, die sie sich und ihren Kindern erhalten möchten, können sie nur erreichen, wenn sie sich bewußt Grenzen setzen, damit die Umwelt überlebt. Wird die Umwelt unwiederbringlich zerstört, ist jede Freiheit zu Ende. So einfach ist der Gedanke von der Freiheit, die nur in Grenzen gedeiht. Und weil das so ist, setzt sich der Mensch mit Grenzen auseinander, solange er lebt.

Man muß in der Lage sein, sich neue Grenzen freiwillig aufzuerlegen. Wer hätte vor zehn Jahren daran gedacht, seinen Müll sorgsam zu trennen oder öfter aufs Auto zu verzichten?

Auch wir Erwachsenen sollten in der Lage sein, Grenzen anzuerkennen, die im Interesse der Zukunft unserer Kinder sind.

Die Kinder sind immer dabei.
Sie erleben unseren Alltag
hautnah mit.

Kinder sind heutzutage weitaus
mehr Reizen ausgesetzt als früher.
Dadurch erhalten sie mehr
Ansporn zu lernen und werden
früher erwachsen als die
Generationen ihrer Eltern und
Großeltern.

Der Kompromiß – die goldene Brücke

Kinder werden immer rascher groß

Nach der Jahrhundertwende und bis zum Zweiten Welt-
krieg war es relativ einfach, auf den ersten Blick das Geschlecht eines Babys festzustellen: Buben wurden hell-
blau, Mädchen rosa angezogen. Heutige Babys tragen
Jeans, Stirnband und bunte Sweatshirts. Sie werden in
Tüchern und Tragegestellen mit zum Einkaufen, in Knei-
pen und zum Wandern genommen. Heutige Kinder sehen
und erleben weit mehr als jede Kindergeneration davor.
Sie werden größer als frühere Kindergenerationen, älter
als diese und rascher erwachsen.

Kindheit ist kein Schonraum mehr

Kinder nehmen an allem teil, wovon die Erwachsenen betroffen sind, was deren Alltag ausmacht und worunter
diese mehr oder weniger leiden:

- An der Hektik
- An den zerbrechenden Beziehungen
- An der Reizüberflutung u. v. m.

Dazu kommen die Wohnverhältnisse, Arbeitslosigkeit
oder ein überfordernder Job und die Tatsache, daß heutige Familien viel zu klein sind, um Kindern ausgleichende
Beziehungen anzubieten. Auf Gedeih und Verderb sind
sie mit einer oder zwei Personen verbunden. Fehler, die
sich in den Beziehungen einschleichen, werden so weder
entdeckt noch korrigiert.

Um so mehr brauchen Kinder heute verläßliche Größen, die ihnen in dem Meer der überfordernden Eindrücke Sicherheit und Stabilität geben. Es muß einen Platz im Leben des Kindes geben, der einen richtigen Zaun hat. Dieser Zaun sind die Grenzen, die Eltern ebenso überlegt wie liebevoll und gleichermaßen unwiderruflich setzen, bis das Kind in der Lage ist, sich selber mit den notwendigen Grenzen auseinanderzusetzen.

Grenzen in der Pubertät

Wenig poetisch übersetzt heißt Pubertät Geschlechtsreife. In dieser Zeit prüfen Heranwachsende besonders heftig, ob das von den Eltern mitgegebene Rüstzeug lebenstauglich ist. Viele Jugendliche werfen zunächst einmal alles über Bord, um dann, mit wachsender Einsicht, Stück für Stück zurückzuholen.

Kindheit ist kein Schonraum mehr. Um so mehr brauchen Kinder einen sicheren Halt, der von den Eltern ebenso überlegt wie liebevoll, aber auch unwiderruflich begrenzt wird.

Setzen Eltern jetzt Grenzen, von denen zuvor nie die Rede war, ernten sie Ablehnung, Spott und Gelächter.
D. h. also, Erziehung greift allenfalls bis zur Pubertät. Danach kommen die lange Leine und die Hoffnung, daß die Anlagen des Kindes von bester Qualität sind und das Grundkonzept der Erziehung einigermaßen vernünftig war. Mit der Pubertät entdeckt der junge Mensch ständig neue Dinge, die für ihn enorm wichtig sind:

- Die eigenen Gefühle
- Das andere Geschlecht
- Musik der Gruppe, zu der er gehört
- Kleidung der jeweiligen Gruppe
- Neue Idole und Vorbilder.

Das alles muß erst einmal durchlebt und überstanden werden! Wer jetzt kontrollieren möchte, welche Grenze eingehalten und wie viele übertreten werden, hätte alle Hände voll zu tun. Und sein Tun wäre überdies müßig. Der junge Mensch beginnt, sein Leben in die eigene Hand zu nehmen, und da muß man ihm zugestehen, daß auf so manchen Versuch ein Irrtum folgt.

Was ehrlich war, bleibt

Auf eines aber kann man sich verlassen, wenn die Wirren der Pubertät vorbei sind, läßt sich ein Wunder entdecken: Alles, was wir in Übereinstimmung von Handeln und Reden tagtäglich positiv vorgelebt haben, übersteht den Abnabelungsprozeß. Wo wir geheuchelt haben, fällt gar manches durch das kritische Sieb der Pubertät und wird nicht mehr zurückgeholt.
Niemand sollte auf die Idee kommen, sich nun zu sagen, die Kindheit ist zu Ende, aus und vorbei. Mag nun jeder seinen eigenen Weg gehen, aber so, daß keiner keinen stört. Das wäre fatal. Auch in und nach der Pubertät

Eine schwere Zeit, die Pubertät. Viele Normen werden jetzt hinterfragt oder in Bausch und Bogen abgelehnt. Wer seinen Kindern allerdings die wichtigsten in Übereinstimmung von Reden und Handeln vorgelebt hat, muß sich keine großen Sorgen machen. Sie überstehen den Abnabelungsprozeß.

braucht der junge Mensch eine Leine, wenn auch etwas länger als die frühere.

Die Pubertät verläuft in dem Maße störungsarm, wie Kompromisse als sinnvoll erkannt und zwischen Kind und Eltern praktiziert wurden. Kompromisse bilden die lange Leine, die sicher durch die Pubertät und wieder hinaus führt.

Kompromisse sind keine Notlösungen

Kleine Kinder haben eine Vorliebe für einfache Systeme, durchschaubare Ordnungen, eindeutige Wenn-dann-Re-aktionen, klare Grenzen und verständliche Richtlinien. Das ist gut so. Kinder wollen es klar, wahr und einfach. Nun gibt es aber keine Welt nur für Kinder, sondern eher eine für Erwachsene, in die sie eines Tages »gnädig« die groß gewordenen Kinder aufnehmen.

Kompromißfähigkeit muß erlernt werden. Kindern ist ein klares »Ja« oder »Nein« lieber und angemessen. Unter Erwachsenen, wo nicht nur einer das Sagen hat, müssen Kompromisse gefunden werden, um friedlich zusammenleben zu können.

Dann müssen die Kinder stark sein, um mithalten zu können. Und deswegen gibt es eine goldene Brücke, die herüber und hinüber führt. Diese Brücke erkennt die gesetzten Grenzen zwar an, bietet aber eine sinnvolle Alternative für den Fall, daß mehrere Mittel oder Wege ein gestecktes Ziel erreichen lassen: den Kompromiß.

Ein Kompromiß ist weder Notlösung noch Trostpflaster. Er ist eine vernünftige Übereinkunft zwischen zwei oder mehr Menschen, die vermeiden wollen, daß nur einer das Sagen hat.

Autorität und Vorbild

Gerade in der Erziehung liegt ja die Versuchung nahe, daß der Erwachsene das Sagen hat, während das Kind gehorchen muß. Gehorcht es nicht sofort, ist der Erwachsene ärgerlich, fühlt sich in seiner Autorität bedroht und angegriffen. Hier wird diese jedoch völlig falsch verstanden.

K inder achten Erwachsene als Autoritäten, wenn diese wirkliche Vorbilder sind, von denen man etwas lernen kann.

Demokraten statt Duckmäuser

Für Kinder sind Erwachsene Autoritäten, sofern sie Vorbilder sind, man von ihnen etwas lernen oder sich nach ihnen ausrichten kann.

Ein Erwachsener, der etwas anordnet, befiehlt und dann auf Einhaltung pocht, wird vom Kind als mächtig empfunden. Da es selber schwach ist, ordnet es sich dem Mächtigen unter. Was bleibt ihm auch anderes übrig? Nun ist aber zum Glück die Zeit vorbei, in der es ein reales Erziehungsziel war, gute, gehorsame Untertanen heranzuziehen. Man konnte sie sogar als Soldaten verkaufen, ohne auf allzu große Gegenwehr zu stoßen. Sie waren ganz einfach zu handhaben.

Heutige Erziehung hat den aufrechten, demokratischen Menschen zum Ziel, der Vernunft vor Emotionen setzt, der fähig ist, vorausschauend zu denken und zu handeln zum Nutzen des Gemeinwesens, in dem er lebt. Das aber will geübt werden. So gilt es:

- Einsicht zu vermitteln
- Die bessere Lösung zu finden
- Den Verstand zu gebrauchen
- Grenzen einzusehen und zu bejahen
- Kritisch zu fragen und planvoll zu handeln.

Daß ein Befehl solches Lernen nicht in Gang setzen kann, ist leicht einzusehen. Dem Befehl folgt das Gehorchen. Gehorchen hat nichts mit Einsehen zu tun, sondern ist eher zweckmäßiges Verhalten.

Frage ich mich indessen, was das Kind lernen, also einsehen soll, beziehe ich die lernende Persönlichkeit des Kindes mit ein. Ich gebe ihm eine Lernchance. Ich will also nichts durchsetzen, sondern bewirken, daß das Kind durch Einsicht sein Verhalten ändert.

Im liebevollen Miteinander in der Familie lernen Kinder, daß Grenzen sie nicht einengen, sondern ihre Gestaltungs-möglichkeiten sichern sollen. So werden Grenzen nicht als Zwänge gefürchtet, sondern als Chancen wahrgenommen, die sich immer mehr erweitern.

Ein demokratisches Gemeinwesen basiert nicht auf Befehl und Gehorsam, sondern auf Kompromißbildung. Deshalb braucht man in der Erziehung keine falsch verstandenen Autoritäten, sondern Menschen, die Einsicht vermitteln und beim Lernen helfen.

Summa summarum

Will ich ein Kind durch Grenzen schützen, rufe ich seinen Widerstand hervor. Mühsam muß es lernen, daß mein Nein einen Sinn hat, auch wenn ihm das gar nicht paßt. Da ich dem Kind aber immer unterstellen muß, daß es alles nur tut, um etwas zu lernen, muß ich Alternativen anbieten, die annähernd den Lerneffekt haben, wie das vom Kind beabsichtigte Tun:

- Der Herd ist heiß – nicht heiß ist ein warmer Topf. An ihm kann der Begriff »heiß« erfahren werden.
- Zerreißen macht Spaß. Steht ein ausgedienter Katalog zur Verfügung, muß die wichtige Korrespondenz nicht herhalten.
- Töpfe von oben herunterzuziehen gebietet die Neugier. Verschiedene Plastikgefäße, mit Wasser gefüllt und im Bad auf eine Fußbank gestellt, erfüllen den gleichen Zweck.
- In eine volle Schüssel zu greifen ist Kindersport. Kleine Kostproben von begehrten Leckerbissen auf winzigen Tellerchen zu bekommen ist ein guter Ersatz.

Konflikte, die fruchtbar sind

Wenn die Frage nach dem Lernen im Vordergrund steht, treten zwar immer noch Konflikte auf, sie haben aber jetzt eine völlig andere Qualität – sie sind fruchtbar.

- Das lernende Kind reiht eine positive Erfahrung an die andere.
- Es fühlt sich sicher, weil seine Kompetenz wächst.
- Lob und Zuspruch spornen es zu neuem Lernen an.
- Da es nicht gegen die Macht der Eltern kämpfen muß, bleibt ihm genügend Energie, um sich gelassen zu entfalten.

Über die Autorin

Carola Schuster-Brink war praktizierende Kindertherapeutin, bildete dann Erzieherinnen aus und arbeitete als Redakteurin für Eltern-Kind-Zeitschriften. Als Mutter zweier Kinder kennt sie die vielfältigen Erziehungsprobleme und weiß daher, wie wichtig und zugleich schwierig es ist, Grenzen zu setzen, die den Kindern Schutz und Orientierung geben können.

Hinweis

Das vorliegende Buch ist sorgfältig erarbeitet worden. Dennoch erfolgen alle Angaben ohne Gewähr. Weder Autorin noch Verlag können für eventuelle Nachteile oder Schäden, die aus den im Buch gegebenen praktischen Hinweisen resultieren, eine Haftung übernehmen.

Bildnachweis

Bilderberg: 5 (Andrej Reiser), 28 (Wolfgang Kunz), 46, 65 (Klaus Bossemeyer), 51, 88 (Nomi Baumgartl), 53 (Dominik Obertreis); Fesseler, Ravensburg: 61; Das Fotoarchiv, Essen: U1 (Titelbild), 54, 64, 74, 87, 89 (Wolfgang Schmidt), 18 (Michael Minardi), 25 (Andreas Riedmiller); Foto Willem, Ravensburg: 80; Claudia Rehm, Stockdorf b. München: 9, 34, 57, 72; Johanna Rehm, Stockdorf b. München: 83; The Image Bank: U2 (M. D. Giacomo), 5 (Patrick J. La Croix), 12 (Jeff Cadge), 14, 37, 76 (G. & M. David de Lossy), 39, U4 (Luis Castaneda), 40 (Bard Martin), 42 (Johnny A. Ready), 45 (Jean Pierre Pieuchot), 49 (Janeart LTD), 91 (Infocus), 93 (Photogenie)

Impressum

© 1996 Südwest Verlag GmbH & Co. KG, München
4. Auflage 1997
Alle Rechte vorbehalten. Nachdruck – auch auszugsweise – nur mit Genehmigung des Verlages.
Redaktion: Dr. Alex Klubertanz
Redaktionsleitung: Josef K. Pöllath
Bildredaktion: Barbara Glöggler
Produktion: Manfred Metzger
Umschlag: Till Eiden
DTP/Satz: Wolfgang Lehner
Druck: Color-Offset, München
Bindung: R. Oldenbourg, München
Printed in Germany

Gedruckt auf chlor- und säurearmem Papier
ISBN 3-517-01783-3

Register